CATALOGUE

D'UNE NOMBREUSE COLLECTION

DE

DESSINS

ANCIENS ET MODERNES

DES ÉCOLES

Française, Italienne, Hollandaise et Flamande

PROVENANT DE LA COLLECTION

D'UN AMATEUR DE PROVINCE

DONT LA VENTE AUX ENCHÈRES PUBLIQUES AURA LIEU

HOTEL DES COMMISSAIRES-PRISEURS

Rue Drouot, n° 5

SALLE N° 3, AU 1er ÉTAGE

Les Lundi 13, Mardi 14, Mercredi 15 et Jeudi 16 Avril 1863

A 1 HEURE PRÉCISE

Me **DELBERGUE-CORMONT**, Commissaire-Priseur,
rue de Provence, 8,

Assisté de **M. CLEMENT**, Md d'Estampes de la Bibliothèque impériale, rue des Saints-Pères, 3,

Chez lesquels se délivre le présent Catalogue.

EXPOSITION PUBLIQUE

Le Dimanche 12 Avril 1863, de 1 heure à 4 heures.

PARIS — 1863

CONDITIONS DE LA VENTE

Elle sera faite au comptant.

Les acquéreurs paieront en sus des adjudications, CINQ pour CENT, applicables aux frais.

Les Attributions de l'Amateur ont été conservées.

Les Numéros pourront être divisés.

DÉSIGNATION

DES DESSINS

PREMIÈRE VACATION

Lundi 13 Avril 1863

1. **Salvator Rosa**. Lazzarone. A la sanguine. Joseph expliquant les songes. A la plume. **Le Parmesan**. La Vierge et l'Enfant Jésus. A la sépia. **Le Baroche**. Tête de guerrier, sujet religieux, à la plume. Cinq dessins.
2. **Tiziano Vecelli**. Saint-Jérôme. **C. Procaccini**. La Vierge et l'Enfant Jésus. **A. Carrache**, Vénus. **C. Carlone**. Saint-Luc; quatre dessins à la plume.
3. **Paul Véronèse**. L'Adoration des Rois. **Zurbaran**. Prométhée (collection Kaïeman). **Le Tintoret**. La Flagellation. **Le Dominiquin**. Énée; quatre dessins à la plume lavés et à la sépia.
4. **Casanova**. Cavaliers au galop. Cavaliers au trot. Deux dessins à la sépia.

5. **Appiani**. Tête de femme. Au crayon noir. **F. Vanni**. Jésus attaché à la croix. A la pierre noire et à la sanguine. (collection Kaïeman). **Guido Reni**. Une Sibylle. A la sanguine. **Ribera**. Saint-Jean-Baptiste. A la sanguine. **Le Guerchin**. Saint Antoine. A la sépia, cinq dessins.

6. **F. Albani**. Deux nymphes Esquisse à l'huile sur papier. **J. Romain**. Sujet mythologique. **Casati**. Paysage. **Ecole italienne**. La chaste Suzanne. **C. Maratte**. Sujet religieux. Quatre dessins à la sanguine et au crayon noir.

7. **F. Mola**. Baigneurs. **G. Maracelli del Ombra**. Sujet allégorique. **J. Romain**. L'Amour contemplant Psyché endormie. **Le Guerchin** Saint Jérôme méditant. **Daniel de Volterre**. Fragment de la Cène. Cinq dessins à la plume et à la sanguine.

8. **F. Londonio**. Berger et Bergère gardant leur troupeau. **Procaccini**. Hérodiade portant la tête de Saint Jean. **Benedetto Lutti**. Sujet de l'histoire ancienne. **Casanova**. Combat de cavalerie. Quatre dessins à la mine de plomb, à la plume lavés et à la sépia.

9. **An. Carrache**. Homme étendu à terre. **Guido Reni**. Homme portant un jeune homme sur ses épaules. **F. Vanni**. Sujet de la vie de Sainte-Catherine de Sienne. **G. Passari**. Sainte-Famille. Quatre dessins à la sanguine et à la plume, lavés.

10. **Tiziano Vecelli**. Martyre de Saint Pierre. **J.-N. Nasini**. Criminel amené devant le trône d'un roi. **Carlo Maratti**. Sujet mythologique. **Casati**. Paysage. Quatre dessins au lavis, à la plume, à la pierre noire et à la sanguine.

11. **Lafage (Raymond)**. Sujets tirés de l'histoire romaine. Six dessins à la plume.

12. **Lafage (Raymond)**. Sujets représentant des combat de guerriers. Six dessins à la plume.

13. **Ch. Lebrun**. L'Annonciation. **R. Lafage**. Bacchanale (Collection Vanden Zande.) **P. Puget**. Marine. **P. Daret**. Sainte Famille **Bévalet (A..G.)** Bergère passant une rivière à gué, avec son troupeau. **Cl. Mellan**. Tête de Vierge. Six dessins à la plume et à la mine de plomb.

14. **R. Lafage**. Composition allégorique. **E. Bacco père**. Partie carrée. **J. Callot**. La Bohémienne. **Chardin**. Cuisinière. Quatre dessins à la plume lavés, à la mine de plomb et à la sanguine.

15. **P. Parrocel**. L'Adoration des Bergers. **N. Poussin** (d'ap.) Imitation du dessin le Déluge. **N.-N. Cochin**. Paysage avec figures. **N. Poilly**. L'Annonciation. **C.-N. Cochin**. Paysage avec soldats cachés dans des tranchées. Cinq dessins à la sépia, à la plume et à la sanguine.

16. **J. Stella**. Adoration des rois. **Séb Leclerc**. Dieu créant les animaux. **Lavigne**. Les Trois Grâces (sur vélin). **R. Lafage**. Scène militaire. **J. Callot**. Etudes de guerriers. Cinq dessins au crayon noir et à la plume.

17. **J. Vernet.** Etudes de navires. **P. Puget.** Fanal de navire. Sept dessins à la plume, lavés.

18. **Vaillant (W.)** Portraits d'homme et femme Deux dessins au crayon noir rehaussés de blanc.

19. **N. Largillière.** Portrait d'homme. **Vander Meulen.** Tête d'homme. Deux dessins au crayon noir et à la sanguine.

20. **L.-F. Aubry.** Portrait de Louis XVI, à l'aquarelle, avec une étude au verso.

21. **Boucher (F.)** L'Aga des Janissaires. La Sultane. Deux jolis dessins à la mine de plomb.

22. **L. Lahire.** Jésus au milieu des docteurs. **N. Poussin.** Trésors que l'on cache dans un puits. **J.-B.-M. Pierre.** Neptune et Amphitrite. **F.-A. Vincent.** Samson et Dalila. Quatre dessins au lavis, à la sanguine, et à la sépia.

23. **J.-B. Pater.** Un bal. **A. Watteau.** Jeune femme assise. **N. Poussin.** Martyre d'un saint. Etudes de femme. Tête de Satyre. Cinq dessins à la sépia, à la sanguine et à la plume.

24. **G. Dughet dit le Gouaspre.** Paysage avec figures et animaux **F. Lemoine.** Vénus se mirant. Deux dessins à la sanguine.

25. **De Machy.** Paysage avec figures. **J.-G. Wille.** Vue du château de Dreux, signé et daté 1779. Deux dessins à la mine de plomb et à la sépia.

26. **J.-B. Huet.** Le Berger et la Bergère. **J.-B. Oudry.** Chiens, esquisse sur papier. **J. Courtois dit le Bourguignon.** Siége d'une citadelle. **A. Coypel.** L'Annonciation. Quatre dessins à la sanguine, à la sépia et à la plume.

27. **F. Lemoine**. Vénus et les Amours. **J.-M. Vien**. Sujet tiré de l'Histoire ancienne. **Ecole Française**. Jésus sur la Croix. **N. Poussin**. Un festin. Quatre dessins à la sépia, à la sanguine et à la pierre noire.

28. **J. Vernet**. Paysage avec figures. **J. Courtois dit le Bourguignon**. Combat de Cavalerie. **J.-B. Corneille**. Repos en Égypte. **E. Lesueur**. Un Saint à genoux devant le Crucifix. **A. Coypel**. Sujet mythologique. Cinq dessins à la sanguine, à la pierre noire et à la plume.

29. **Luiken**. Sujets de la Bible. Treize dessins à la plume lavés, gravés par le maître.

30. **J. Van Kessel**. Papillon, Sauterelle, Sauterelle et Papillon, Hanneton. Quatre peintures à l'huile, sur vélin.

31. **Hondekoëter (M.)** Neuf dessins d'oiseaux à la mine de plomb, sur papier bleu.

32. **F. Moucheron**. Vue du Canal de la grande Chartreuse. **P. Wouwermans**. Retour de la Chasse. **Jean Both**. Vue de Tivoli, signée. Trois dessins à la sépia et à la pierre noire.

33. **A. Waterloo**. Paysage. **J. Moucheron**. Intérieur d'un parc. **J. Van Stry**. Port de mer vu de nuit. **N. Berghem**. Les Patineurs. Quatre dessins à l'aquarelle, au lavis et à la sanguine.

34. **A. Van Dyck**. Saint aux pieds de la Croix. (Collection Vallardi). **A. Bloëmaërt**. L'Adoration des Bergers. **J. Breughel**. Combat de Cavalerie. **P.-P. Rubens**. Saint-Jean l'Evangé-

liste. Quatre dessins au crayon noir, à la plume et à la sanguine.

35. **A. Van Dyck.** Adonis. **J. Jordaëns.** La Chèvre Amalthée. **P.-P. Rubens.** La Fuite en Égypte. Trois dessins au crayon et à la sanguine.

36. **Snyders.** Loup arrêté par un chien. **Berghem.** Bouc et Bélier. **Verschuuring.** Le départ. **Th. Van Thulden.** Sujet tiré de l'Histoire d'Ulysse. Cinq dessins à l'encre de chine, à la sépia et à l'aquarelle.

37. **A. Bloëmaert.** Sainte-Famille. **Jacq. Kœning.** Homme debout. **H. Goltzius.** Bacchus. Trois dessins à la sépia et à la plume.

38. **Michel-Ange Amerighi.** Le Christ au Tombeau. **J. Romain** La Continence de Scipion. **Tiziano Vecelli.** La Fuite en Égypte. Quatre dessins à la plume lavés.

39. **A. Carrache.** Mercure et Apollon. **Le Dominiquin.** Assomption de la Sainte-Vierge. **Bartholomeo Schidone.** Saint-Jérôme. Quatre dessins à la sanguine, à la plume lavés et au crayon noir.

40. **L. Giordano.** Un laboureur. **F. Bartholomeo.** Saint-Luc. **G. Ribera.** Saint adorant l'Enfant Jésus. **Ant. Canale.** Vue de Rome. Quatre dessins à la sanguine et à la plume.

41. **D. Feti.** Jeune femme jouant de la mandoline. **Le Parmesan.** Etude de Femme assise. **U. Gandolfi.** Débora. **Le Guerchin.** Les Disciples d'Emaüs. Quatre dessins à la sanguine et à la plume lavés.

42. **Le Parmesan.** Clélie au camp de Pyrrhus. **Salvator Rosa.** Paysage avec figures. **Rotari** dit **Podouanino**. Etude d'Ange. Trois dessins à la sépia, à la plume et à la sanguine.

43. **Corrège.** Dieu le Père. **Pierre de Cortone.** L'Adoration des Bergers. **Primatice.** Mort d'un guerrier. **Léonard de Vinci.** Le Sacrifice d'Abraham. **A. Carrache.** La Sainte-Vierge et l'Enfant-Jésus. **Guido Reni.** Prophète. Six dessins à la plume, au crayon noir et à la sanguine.

44. **Parmesan.** Tête d'Ange. **Tintoret.** L'Adoration des Rois. **Passari.** L'Adoration des Bergers. **Guido Reni.** Junon. **Donatello.** Un Terrassier. Six dessins à la plume, à la sanguine et au bistre.

45. **Rosso del Rosso.** Le Christ au Tombeau. **Raffaello Sanzio.** Fragments de sujet avec essais de paysage au verso. Deux dessins à la plume et au crayon noir.

46. **Fr. Bartholomeo.** Une Sainte. **Sébastien del Piombo.** Jésus insulté par des soldats. **Marc-Antoine Raimondi.** Divinités des Jardins. **Giulio Pippi.** Mercure portant la pomme au berger Pâris. Quatre dessins à la plume lavés et à la sanguine.

47. **G. Cimabué.** Portrait de Pétrarque. (Collection Vallardi). **Battista Franco.** Le Tonnelier. **F. Albani.** Homme apercevant une femme piquée d'un serpent. **Tiziano Vecelli.** Paysage avec figures. Quatre dessins à la plume, à la sanguine.

48. **Ecole de Raphaël.** Bataille. Festin des Dieux. Ange apparaissant dans les flammes d'un bûcher allumé pour un sacrifice. **J. Romain.** Combat de Cavalerie. Quatre dessins à la plume lavés, à la sanguine et au bistre.

49. **Delarue.** Un Saint distribuant ses vêtements aux pauvres. **Pierre Puget.** La Vierge. **J. Callot** Un Basque. **Ecole Française.** Bas-reliefs. Quatre dessins à la plume, à l'encre de chine et au bistre.

50. **F. Lemoine.** Nymphes et Amours. **G. Dughet** dit **le Guaspre.** Paysage avec figures. **Eustache Lesueur.** Grand-Prêtre armé d'un glaive. Quatre dessins au crayon noir sur papier bleu, rehaussés.

51. **J.-B. Huet.** Enfant cueillant des fruits. **Ecole Française.** Saint Jean montrant le Sauveur au peuple. **P. Mignard.** Sainte Famille. **M.-F. d'André Bardon.** Ouverture d'un Tombeau. Cinq dessins à la sanguine, à la plume et au bistre.

52. **J.-B. Oudry.** Paysage avec chaumières. Tête de Sanglier. **N. Poussin.** Paysage avec figures. **Swebach.** Armée en marche. Quatre dessins à la sanguine à la mine de plomb et à la plume.

53. **N. Poussin.** Mercure et Argus. Étude de jeune homme. **P. Mignard.** Études. **Ch. Eisen.** La Vierge et l'Enfant Jésus, quatre dessins à la sanguine, à la plume et au bistre.

54. **Carle Vanloo.** Jupiter donnant à Mercure la

pomme que réclament Pallas, Vénus et Junon. **Moitte**. Homme étendu à terre. **Martenasie**. Vénus et Adonis. **M. Corneille**. Martyre de Saint André, quatre dessins à la plume lavés et au bistre.

55. **Ch. Lebrun**. Études de têtes. **N. Poilly**. Études diverses. **J. Duquesnoy** *dit* **Fr. Flamand**. Étude d'ange. **Séb. Bourdon**. Angélique et Médor. **J. B. Leprince**. Deux jeunes filles, quatre dessins à la sanguine, au crayon noir réhaussés et à l'aquarelle.

56. **Jean Jouvenet**. Jésus sur la croix. **J. Parrocel**. Combat de cavalerie. **N. Poilly**. Jésus succombant sous sa croix. **Swebach**. Peloton de cavalerie. **Ozanne**. Marine avec figures, cinq dessins au bistre, à la plume et à l'encre de Chine.

57. **Lebarbier**. Deux sujets pour la Jérusalem délivrée. A l'encre de Chine.

58. **F. Lemoine**. Le triomphe de Galathée. **Ch. Eisen**. La fuite en Egypte. **F. X. Fabre**. La fuite en Egypte. **J. Jouvenet**. Jésus apparaissant aux saintes femmes. **Ch. Natoire**. Femme tenant un enfant; cinq dessins au bistre, à la plume, lavés et à la mine de plomb.

59. **Charles Natoire**. La Madeleine aux pieds du Christ. Jeune fille mourante recevant les derniers sacrements, deux beaux dessins à l'aquarelle.

60. **J. B. Oudry**. Canards dans l'eau. **S. Leclerc**. Allégorie. **J. F. Lefèvre**. Combat

d'hommes, d'un ange et d'un lion. **J. H. Leprince**. Soldat russe à cheval, quatre dessins à l'aquarelle, et au bistre.

61. **Pierre Molyn**. Paysage avec figures. **Bakhuyzen**. Marine. **G. Van Velde**. Marine. **M. Hobbema**. Etudes d'arbres, quatre dessins à l'encre de Chine et à la mine de plomb.

62. **Ecole Hollandaise**. Marines, deux dessins à l'aquarelle. **Michel Coxcie**. Sujet tiré du livre des Rois. Urie et le roi David, deux dessins au bistre (coll. Kaiëman).

63. **Pierre Breughel**. Une kermesse. **J. Snellinx**. Vue de Rome. **J. H. Roos**. Vaches, chèvres et moutons au repos. **Showitte**. Charriot attelé près d'une ferme, quatre dessins à l'aquarelle, au bistre et au lavis.

64. **Van Schildens**. Marine. **Backhuyzen**. Marine. **G. Romyn**. Vue d'une ville avec figures et animaux, trois dessins à l'aquarelle, à la plume lavés et à la pierre noire.

65. **Kapeller**. Marines, deux dessins de forme ovale, à l'aquarelle, signés et datés 1769.

66. **Th. Van Thulden**. La Vierge et l'Enfant Jésus. **Hubert Goltzius**. La Vierge et l'Enfant Jésus. **David Téniers** fils. Le joueur de vielle, trois dessins à la plume, à la mine de plomb et au crayon noir.

67. **J. Van Stry**. Berger et bergère gardant un troupeau de vaches. **Doomer**. Vue de Nantes. **J. Ruysdaël**. Paysage avec montagnes, trois dessins au bistre et à l'aquarelle.

68. **A. Diépenbeke.** Saint François tenant l'Enfant Jésus dans ses bras. **Daniel Vertangen.** Couronnement d'une nymphe. **Gérard de Lairesse.** Sujet tiré de l'histoire ancienne. **J. Van der Ulft.** Paiement d'un tribut a un général vainqueur, quatre dessins au bistre et à la plume, lavés.

69. **J. Van Campen.** Marine. **J. Graaff.** Vue d'une ville avec cathédrale, signé 1672. **Gilles Neyts.** Vue de diverses chaumières. **Salomon Ruysdaël.** Paysage avec figures, quatre dessins à l'aquarelle, à la plume et à l'encre de Chine.

70. **Ecole Italienne.** Etudes de figures. Le massacre des innocents, Bacchanale, l'Empire de Flore, quatre dessins à la plume et à la sanguine.

71. **Léonard de Vinci.** Caricatures et études de têtes, sept dessins à la plume, lavés.

72. **Ecole Italienne.** Une mère donnant le sein à son enfant, la Vierge et l'Enfant Jésus entourés d'anges, sainte martyre, trois dessins à la plume, lavés.

73. **Ecole Italienne.** Diane, avec croquis au verso, sujet de l'histoire ancienne. **Ecole Vénitienne.** Festin joyeux, trois dessins au bistre.

74. **Polidore de Caravage.** Etudes de casques, études de vases, deux dessins à la plume, lavés.

75. **F. Albani.** Enfant recevant des fleurs. **Guido Reni.** Un ange tenant un calice. **Casanova.**

Choc de cavaliers. **Corrége.** Etude du Mercure de l'éducation de l'amour, tableau du musée de Londres avec une autre étude de femme au verso, quatre dessins à la sanguine, au bistre et au crayon noir.

76. **Tiziano Vecelli.** Diane au bain, sur satin. **Baltazar Peruzzi.** Guerriers effrayés et renversés par une apparition céleste. **Paul Véronèse.** La fille de Pharaon soignant le jeune Moïse, trois dessins à l'aquarelle et au bistre.

77. **Piranési.** Vue d'un temple avec figures. **Bibiena.** Ruines avec figures, deux dessins à l'encre de Chine et à la plume, lavés.

78. **Fra Bartholomeo.** Deux hommes debout. **Lucas Giordano.** Jésus apparaissant à la Madeleine. **Francecesco Solimena.** Lazzarone transportant des blocs de pierre, trois dessins à la plume et au bistre.

79. **Federico Zuccaro.** Tête de femme. **Andrea Campana.** La Vierge et l'Enfant Jésus, deux dessins au crayon noir rehaussés.

80. **N. N. Cochin.** Jupiter et Léda. **Vallin.** Baigneuse. **F. Boucher.** Tête de jeune fille, trois dessins au bistre, à la sanguine et à l'encre de Chine.

81. **J. Callot.** Un hallebardier. **E. Lesueur.** Deux jeunes filles et un enfant dans un paysage. **J. J. Balechou.** Un pêcheur, trois dessins à la sanguine, au crayon noir et à la plume.

82. **N. Poussin.** Faunes et divinites des jardins. **Cl. Lorrain.** Paysage avec figures et autre

paysage au verso. Paysage avec figures et animaux, trois dessins au bistre et à la plume, lavés.

83. **Joseph Dauphin**. Intérieur d'un château. **J.-M. Vien**. Un guerrier et sa famille. **T.-A. Desfriches**. Intérieur de ferme. **G. Dughet**. Paysage avec figures. Quatre dessins à la mine de plomb, à la plume et à l'encre de Chine.

84. **N.-H. Fragonard**. Deux paysages, avec figures et animaux. **J.-B. Le Prince**. Les Laveuses. Trois dessins au bistre et à l'aquarelle.

85. **J. Vernet**. Paysage, avec figures. **Cl. Lorrain**. Deux paysages. Trois dessins à la plume et au bistre.

86. **N. Poussin**. Bacchus. Etude de femme debout. Paysage. Trois dessins à la plume.

87. **J.-B.-S. Chardin**. Enfants jouant avec des oiseaux. **E. Lesueur**. Femme endormie. **N. Poussin**. Paysage, avec statue et tombeau. Trois dessins à la plume, au bistre et au crayon noir.

88. **J.-B.-S. Chardin**. Tête de jeune fille. **P. Mignard**. Tête de Vierge. **F. Lemoine**. Tête de jeune homme coiffée d'un casque. Trois dessins à la sanguine et au crayon noir rehaussé.

89. **Ch. Eisen**. Vénus se mirant. **A. Dien**. Martyre d'un Saint. **J.-B. Greuze**. Femme endormie. Trois dessins à la plume, lavés, et à l'encre de Chine.

90. **Jean Lepautre.** Mort de Pyrame et Thisbé. **P. Puget.** Homme dévoré par un lion. L'Annonciation. **Toro.** Modèle de console surmontée d'un encadrement. Quatre dessins à la plume.

91. **N. Lancret.** Deux jeunes femmes assises. **F. Boucher.** Paysage. **J.-B. Huet.** Bergères avec leurs troupeaux. Trois dessins au crayon noir et au bistre.

92. **Charles Natoire.** Etude de femme. **N. Poussin.** Un ange présentant une corbeille de fruits à la Vierge et à l'Enfant Jésus. Etude de guerrier. **M.-F. D'André Bardon.** Frontispice d'ouvrage représentant une allégorie sur la peinture. Quatre dessins au crayon noir, à la plume, lavés et au bistre.

93. **Melchior Hondekoëter.** Etudes de chats. Trois dessins à la mine de plomb.

94. **Joachim Patenier.** Paysage. **J.-B. Grün dit Baldung Grün.** Tête d'homme. **G. Pentcz.** Les Sabines s'interposant entre les mains des Romains et des Sabins. **H.-S. Beham.** Festin. Quatre dessins à la plume, lavés, à l'encre de Chine et au bistre.

95. **Ecole allemande.** Les Saintes Femmes au tombeau du Christ, signé : **C. F. 1598.** Allégorie politique. Le passage de la Mer Rouge. Trois dessins à la plume et à la sanguine. Jésus portant sa croix, miniature sur vélin.

96. **J.-D. Dugoure.** Vue d'un château au bord de l'eau. Joli dessin à l'aquarelle.

97. **G. Wilder.** Vue de l'intérieur de l'église de

Schwabach en Bavière. Beau dessin très fini, à l'aquarelle.

98. **J. Stradan**. Cérémonie publique. Dessin à la plume, lavé.

99. **Ecole hollandaise**. Marine. Dessin sur vélin. (Collection Vallardi.)

100. **Pierre-Jean Schotel**. Marine. Beau dessin à l'aquarelle.

101. **Hans Bol**. Abraham recevant la visite des anges. Dessin à la plume, très-curieux.

102. **Adrien Van de Velde**. Paysage, avec figures et animaux. Charmant dessin à la plume, lavé.

103. **Saft-Leven** (Corneille). Berger gardant un troupeau de chèvres. Dessin à l'encre de Chine.

104. **N. Berghem**. Pêcheurs. Beau croquis à la sanguine.

105. **Jean Van der Meer de Jonghe**. Paysage, avec figures et animaux. Dessin au crayon noir, signé et daté 1688.

106. **J. Van Goyen**. Marines. Deux dessins au crayon noir, signés et datés 1653.

107. **Salomon Ruysdaël**. Vue d'une église. **Mathieu Van Helmont**. Intérieur de ferme. Deux dessins au bistre.

108. **Jean Miel**. Charlatans faisant la parade en présence de nombreux spectateurs. Dessin à l'encre de Chine.

109. **F. Snyders**. Canard mort sur une table. **Josse de Momper**. Paysage, avec figures et animaux. Deux dessins à l'encre de Chine et à la sépia.

110. **Dirck Maas**. Paysage, avec animaux. **Hans**

Bol Paysage. Deux dessins à l'aquarelle et à la plume.

110 *bis*. **P.-P. Rubens.** Saint-Michel combattant les anges rebelles. Très-beau dessin au crayon noir rehaussé.

111. **Raphaël Sanzio.** Groupe tiré du Massacre des Innocents. Très-beau croquis au bistre. (Collection Vallardi.)

112. **Raphaël Sanzio.** Deux Religieux à genoux. Beau croquis au crayon noir. (Collection Vallardi.)

113. **Pietro Vanucci, dit le Perugin.** Tête de Sainte. Dessin à la plume, rehaussé, sur vélin. (Collection Vallardi.)

114. **Léonard de Vinci.** différentes études de têtes d'hommes âgés. Six dessins à la sanguine.

115. **François Zurbaran.** Tête d'homme. Belle étude à la pierre noire.

116. **Guido Reni.** Tête d'homme en extase. Très-belle étude au crayon noir, rehaussé.

117. **Raphaël Sanzio.** Etudes de têtes et paysage pour la dispute du Saint-Sacrement. Dessin à la sanguine; au verso est une étude de vierge, à la sanguine, par **Lucas Giordano.**

118. **G.-F. Barbieri, dit le Guerchin.** Deux anges soutenant la sainte face du Christ. Beau dessin au bistre, rehaussé.

119. **Antonio Allegri da Corregio.** L'Homme de douleurs. Belle étude à la sanguine.

120. **Daniel Dumoustier.** Portrait de Gabrielle d'Estrées. Dessin aux trois crayons.

121. — Portrait de Femme du commencement de Louis XIII. Beau dessin aux trois crayons.

122. — Autre portrait de Femme. Dessin aux trois crayons.

123. — Autre portrait de Femme. Dessin aux trois crayons.

124. — Portrait d'Homme. Beau dessin aux trois crayons.

125. — Autre portrait d'Homme. Dessin aux trois crayons.

126. **J. Romain.** Etude de cheval. **Corrège.** Amours jouant et voltigeant. **Raphaël Sanzio.** Etude de soldat pour la fresque de la délivrance de saint Pierre. **Guido Reni.** La Justice. Quatre dessins à la sanguine, à la plume et au bistre.

127. **Tiziano Vecelli.** Saint battu par un ange. **J. Calandrucci.** Le Festin de Balthazard. **Filippo Lauri.** Tobie et l'Ange. **Bernardo Castelli.** Sainte Famille. **Pierre Berettini da Cortona.** Sujet de plafond. **Guido Reni.** Sainte Famille. Six dessins à la plume, à la sanguine et au bistre.

128. **Bartholomeo Schidone.** Scène de douleur. **Benedetto Castiglione.** Fuite en Egypte. **Dominiquin.** La Vierge et l'Enfant Jésus adorés par plusieurs saints. **J. Romain** Combat près d'une ville. Quatre dessins au crayon noir, rehaussé, à la plume et au bistre.

129. **S. Cantarini.** Ecusson supporté par deux anges. **P. Panini.** Ruines. **J.-B. Mola.**

Sujet religieux. **A. Canale**. Vue d'un port de mer. **A. Appiani**. Moïse sauvé des eaux. **J. Palma dit le jeune**. Six dessins à la plume, à la sanguine et au crayon noir.

130. **Piranesi**. Deux arcs de triomphe. Deux dessins à la plume, lavés d'encre de Chine.

DEUXIÈME VACATION

Mardi 14 Avril 1863

131. **V. Toppe**. La Géométrie. **A. Tempesta**. Départ d'un guerrier. **B. Schidone**. La sainte Vierge avec un ange. **Giorgio Vasari**. Saint faisant des prières pour la guérison d'un enfant. Quatre dessins à la sanguine, au bistre et à la plume.

132. **T. Stimmer**. Deux dessins représentant chacun deux Prophètes. **Ecole de Raphaël**. Jeunes filles portant des urnes. **Le Giorgion**. Un Pape sur son trône. Quatre dessins à l'encre de Chine, à la sanguine et à la plume.

133. **F. Ruschi**. Allégorie. **D. Piola**. Mariage de sainte Catherine. **Guerchin**. Paysage avec figures. **F. Simonini**. Combat de cavalerie. Quatre dessins à la sépia, au bistre et à la plume rehaussés

134. **D. Piola** Saint-Jean-Baptiste. **J.-P. Jané.** Herminie et le Berger. **Andrea Sacchi.** Mort de Sainte-Anne. **Tiziano Vecelli.** Paysage. Quatre dessins à la plume, à la sanguine et à la sépia.

135. **Corrége.** Etude d'ange. **Le Dominiquin.** Tête de jeune fille. **F. Zuccaro** Diverses études. **Ecole italienne.** Un Saint aux pieds de la croix. Quatre dessins à la plume et au crayon noir.

136. **Corrége.** Le Christ couronné d'épines. **Raphaël Sanzio.** Guerrier à cheval. Guerrier perçant un cheval. Fragment d'une Adoration des rois. Quatre dessins à la plume et à la sanguine.

137. **Corrége.** Etude d'ange pour l'une des fresques de Parme. **Léonard de Vinci.** Deux hommes dont l'un tient un livre. **Lucas Giordano.** Triomphe d'Amphitrite. **F. Primaticio.** Faunes, composition peinte à Fontainebleau. Quatre dessins à la sépia, à la sanguine et au bistre rehaussé.

138. **Fr. Bartholomeo.** Sujet allégorique. **J. Romain.** Divinités marines. **B.-E. Murillo.** La Vierge et l'Enfant Jésus au milieu de Saint-Pierre et Saint-Luc. **Tiziano Vecelli.** Riche paysage animé par un grand nombre de figures. Quatre dessins à la plume, lavés, à la sanguine et au bistre.

139. **J. Romain.** Un Guerrier debout. **Le Parmesan.** Etude d'homme debout. Etude d'ange.

A. Nasini. Sujet tiré de la vie de Jésus-Christ. Quatre dessins à la plume, lavés, et à la sanguine.

140. **G. Lanfranco.** Le Couronnement de la Vierge. **Le Guerchin.** Vieille femme offrant un oiseau à une jeune. **J. Romain.** Sujet tiré de l'histoire romaine. **Baccio Bandinelli.** Académie d'homme assis. Quatre dessins à la plume, lavés et à la sépia.

141. **Ecole allemande.** Saint guérissant un possédé. La Sainte Trinité. Jésus sur la croix. Homme à genoux aux pieds d'un roi. Un mariage. Les parents de Julien reçus avec considération par son épouse. Paysage avec figures. Frontispice de livre. **Gibelin.** Huit dessins à la plume et à l'encre de Chine.

142. **Stokwicht.** Tête de vache. **Verdussen.** Combat de Cavalerie. **P. Bout.** Paysage avec figures et animaux. **Berghem.** Passage du gué. Quatre dessins à l'encre de Chine, au bistre et à l'aquarelle.

143. **J. Ruysdaël.** Paysage avec figures (collection Mouriau). **A.-T. Himpel.** Paysage avec figures. **N. Berghem.** Ruines. Trois dessins à l'encre de Chine et à la sanguine.

144. **Rembrandt.** Le Christ en croix. **J. Rottenhamer.** Triomphe de Neptune. **A. Bloemaërt.** Études de femmes. **J. Wit.** Les Apôtres au tombeau du Christ. Quatre dessins à la sépia, à l'aquarelle et à la plume, lavés.

145. **Doomer.** Vues de villes. Deux dessins à la sépia.

146. **S. Bourdon.** Composition allégorique. **J. Vander Lys.** Saint-Antoine. **D. Suiter.** Apparition d'un ange à un saint évêque. Trois dessins à la sanguine, à la plume lavés et à l'encre de Chine.

147. **Herman Swanewelt.** Paysage boisé. **R. Roghman.** Bergère conduisant son troupeau. **J. Baams.** Vue d'une ville. Trois dessins à l'aquarelle et à l'encre de Chine.

148. **A. Diepenbeke.** Sujet mythologique. **Rembrandt.** Tête d'homme. **H. Van Averkamp.** Famille de paysans. **G. Netscher.** Lucrèce. Quatre dessins à la plume, à la sanguine et à la sépia.

149. **Jean Both.** Paysage. **A. Vander Kobel.** Paysage. **P. Hackaert.** Paysage avec figures et animaux. Trois dessins à la sépia, à l'encre de Chine et à la plume.

150. **A. Manglard.** Paysage. **K. Dujardin.** Paysage. **J. Ruysdaël.** Paysage. **Verschuuring.** Homme conduisant un cheval et un chien. Trois dessins au bistre et à l'encre de Chine.

151. **J Blanchard.** La Nativité. **J. Fouquières.** Paysage. **P. Brebiette.** Saint priant pour un malade. **Delamona.** Sujet de la vie du Christ. **Le Barbier.** Joseph vendu par ses frères. Cinq dessins à la plume, au bistre et à la sanguine.

152. **G.-F. Doyen.** Deux sujets de plafonds. **J.-B. Deshays.** Soldats pleurant la mort d'un chef. Sacrifice à l'occasion du départ d'une armée. **Delarue.** Le Serpent d'airain, signé et daté

1760. Cinq dessins au bistre et à la plume, lavés.

153. **P. Parrocel.** Bacchanale, esquisse à l'huile. **Beaufort.** La Vierge et l'Enfant Jésus adorés par plusieurs saints. **J. Jouvenet.** L'Annonciation. **Bilcoq.** Paysage avec figures. **P. Potel.** Paysage avec ruines et figures. Cinq dessins à la sépia, au bistre et au crayon noir.

154. **E. Lesueur.** Mort de Lucrèce. **Ch. Lebrun.** Moïse frappant le rocher. **A. Watteau.** Portrait de Jean Snellincx, d'après Van Dyck. **G. Dughet.** Paysage. Quatre dessins à la sanguine et à la plume, lavés.

155. **Lagrenée.** Diane contemplant Endymion. Vénus au bain. **Ch. Tremolière.** Alphée et Aréthuse; composition accompagnée de la gravure. Trois dessins au bistre et à la sanguine.

156. **J.-B. Huet.** Paysage avec figures. **F. Lemoine.** Le Mariage de la Vierge. L'Adoration des Rois. La Présentation au temple. **J. Callot.** Hommes avec leurs femmes. Cinq dessins au crayon rehaussé sur papier bleu, à la mine de plomb et à la plume.

157. **J.-B. Oudry.** Les Animaux surpris par le Déluge. **Cl. Lorrain.** Paysage. **Ecole française.** Bandit arrêtant un voyageur dans un bois. **Hennequin.** Achille traînant Hector. Quatre dessins à l'encre de Chine et à la sépia.

158. **J.-L. Roullet.** Saint Zacharie, sainte Élisabeth et saint Jean. **N. Poussin.** Homme foulant un vieillard à ses pieds. Scène du déluge. **Séb. Bourdon.** Samson et Dalila, quatre des-

sins à la sanguine, à l'encre de Chine et au crayon noir.

159. **Duplessis-Bertaux.** Camp de Bohémiens. **H. Tavenier**. Vue d'un village. **P. Patel.** Paysage avec ruines et figures. **J. Parrocel.** Combat de cavalerie. **G. Dughet.** Paysage, cinq dessins au bistre, à l'aquarelle et à l'encre de Chine.

160. **P. Parrocel.** Jésus et la Samaritaine. **Delarue.** Bas-relief. **N. Poussin.** Bergers et bergères assis sur des ruines. **J.-B. Oudry.** Sonneur de cor près d'un cerf et d'un sanglier morts. **H. Numan.** Vue d'un château au milieu d'un paysage, cinq dessins au bistre, à la sanguine et à la plume.

161. **Séb. Bourdon.** La Vierge et l'Enfant Jésus. **E. Lesueur.** Sujet de la vie de saint Bruno. **Ant. Coypel.** Femme donnant le sein à son enfant, quatre dessins au crayon rehaussé, au bistre et à la plume.

162. **Le Guerchin.** Lucrèce se perçant. **Séb. del Piombo.** Jésus succombant sous sa croix. **Tiziano Vecelli.** Paysage avec figures. **F. Zuccaro.** La Madeleine aux pieds du Christ, cinq dessins à la plume, au bistre et à la sanguine.

163. **Polidore de Caravage.** Hercule combattant l'hydre de Lerne. **Andrea del Sarto.** Tête de jeune homme. **Séb. Comea.** Saint Victor à cheval. **Aug. Carrache.** Assomption de la Vierge, quatre dessins à la sépia, à la plume et au crayon rehaussé.

164. **Tiziano Vecelli.** Repos en Égypte. **Pierre de Cortone.** Plafond. **École de Raphaël.** Sujet de la Bible. **Le Padouan.** Bacchanale, quatre dessins à la plume et au bistre.

165. **L. Cardi dit Civoli.** Le martyre de saint Étienne. **A. Tempesta.** Repos champêtre. **Andrea Vaccaro.** Supplice. **J. Romain.** Un festin (Collection Vallardi), quatre dessins à la plume et au bistre.

166. **J.-C. Procaccini.** Composition allégorique. **Ziliotti.** Études d'arbres (Collection du chevalier D.). **L. Carrache.** Les Apôtres au tombeau du Christ. **Le Guerchin.** Paysage, quatre dessins au bistre, à la plume et au crayon noir.

167. **P.-F. Mola.** Malades placés sous l'intercession de la sainte Vierge. **Constanza.** Mère avec son enfant. **Lelio Orsi da Novellara.** Martyre de deux saints. **Bl. Pupini.** L'Assomption, quatre dessins à la sanguine et au bistre.

168. **Casanova.** Combat de cavalerie. Guerriers debout et au repos, deux dessins au bistre.

169. **Santi Titi.** Jésus-Christ bénissant les enfants. **A. Carrache.** Mort de saint François. **Raphaël.** Études d'hommes debout. **D. Crespi.** La sainte Vierge et l'Enfant Jésus recevant les adorations de plusieurs saints, quatre dessins à la sanguine, au lavis et au bistre.

170. **G. Diziani.** Jésus guérissant un malade. **Pordenone.** Femme à cheval. **Salvator Rosa.** Combat de deux cavaliers. **André del Sarte.**

Un martyr à genoux. **Jean d'Udine**. Tête de femme, cinq dessins à la plume, au bistre et à la sanguine.

171. **F. Vanni** Saint François priant. **Corrège**. Jeux d'enfants. **Carlo Maratta**. La Vierge et l'Enfant Jésus adorés par plusieurs saints. **J. Romain**. Cariatide. **A. Canale**. Cinq dessins à la plume, au bistre et à la sanguine.

172. **Raphaël Sanzio**. Étude pour l'une des fresques du Vatican. Étude de l'ange exterminateur, deux dessins à la sanguine.

173. **Michel-Ange.** Femme tenant un poignard. **B. Biscaino**. Martyre d'une sainte, deux dessins à la plume et à l'encre de Chine.

174. **Lucas Giordano** Ravissement de saint Paul. **Perino del Vaga**. Massacre des Innocents. **Le Dominiquin**. Judith montrant la tête d'Holopherne. **Ecole italienne**. Mars et Vénus, quatre dessins à la sépia, au crayon noir et à la plume lavé.

175. **J. Van Campen**. Marine. **R. Rogman**. Marine. **Hans Bol**. Vue d'un château et d'un port de mer. **J. Ruysdaël**. Vue d'une chaumière au bord de l'eau. **L. Bakhuysen**. Marine. **Matthieu Bril**. Paysage, six dessins à la mine de plomb, à l'aquarelle et à l'encre de Chine.

176. **A. Brauwer**. Homme coiffé d'un chapeau. **C. Saft-leven**. Mendiant, signé. **P. Latsman**. Un porc. **A. Vander Werf**. Vénus chez Vulcain, quatre dessins à la sanguine, au crayon noir et à la plume.

177. **J. Ruysdaël.** Paysage. Études d'arbres. **J. Wildens.** Marine, trois dessins au bistre et à la plume lavés.

178. **A. Vander-Neer.** Paysage avec figures. **Josse de Momper.** Paysage avec animaux. **Verdussen.** Bergère avec un troupeau. Vache: dans une étable, trois dessins à la pierre noire et au bistre.

179. **G. Netscher.** Portrait de dame, joli dessin au crayon noir.

180. **C. Visscher.** Portrait d homme, beau dessin à la pierre noire.

181. **N. Poussin.** Peintre dans son atelier, à la plume sur vélin. Jeune fille ornant de fleurs la statue d'une déesse, à la plume, lavé. Deux dessins.

182. **P. Lélu.** La Madeleine aux pieds du Christ, signé et daté 1760. **N.-P. Loir.** La Charité. **S. Bourdon.** L'Arche de Noé, trois dessins au bistre, à la plume et à la sanguine.

183. **L. de Boullogne.** Agar et son fils dans le désert. **P. Puget.** Vue d'un port de mer, sur vélin. **G. Audran.** L'enlèvement de la Vérité, d'après Le Poussin, trois dessins à la sanguine, à la plume et au crayon noir.

184. **Ecole française.** Sibylle Phrygienne. Jeune fille offrant un sacrifice, deux dessins à la plume et à la pierre noire.

185. **E. Lesueur.** Étude de tête d'homme. **P. Puget.** La peste de Marseille, deux dessins à la pierre noire et à la sépia.

186. **L. Le Paon**. Combats de cavalerie. **Van der Meulen**. La Chasse aux Cerfs, trois dessins au bistre.

187. **N. Poussin**. Muse assise. **E. Lesueur**. Un Ange apparaissant aux saintes femmes. **J. Jouvenet**. Femme endormie, trois dessins au bistre, à la plume, lavés et à la sanguine.

188. **Ch. Delafosse**. Allégorie pour un plafond. **F. Verdier**. Alexandre adoré. **École française**. Délivrance de saint Pierre, trois dessins à la sanguine, à l'encre de Chine et au crayon noir.

189. **E. Lesueur**. Divinités des eaux. **P. Puget**. Cariatide. **Ch. Lebrun**. Études de têtes. **F. Verdier**. Vénus sur son char, quatre dessins à la sanguine, à la plume et à l'encre de Chine.

190. **A. Watteau**. Étude de femme assise. Joueur de cornemuse. **J.-B. Huet** Jeunes laveuses, trois dessins au crayon noir et à la sanguine.

191. **P. Subleyras**. Le Serpent d'airain. **J. Jouvenet** Sainte Famille adorée par les anges. **E. Lesueur** La Présentation au temple, trois dessins au bistre, à la sanguine et au crayon noir.

192. **G. Ferrari**, Sainte Famille. **B. Schidone**. Tête d'homme. **D. Piola**. Allégorie. **C. Maratta**, Études d'anges, quatre dessins au bistre et à la sanguine.

193. **And. del Sarte**. Délivrance d'un homme enchaîné dans une prison. **Le Guerchin**. Femme endormie. **C. Cignani**. La Vierge, l'Enfant Jésus, sainte Élisabeth et saint Jean. Quatre dessins à la plume, au bistre et à la sanguine.

194. **B. Schidone**. Tête de femme. **And. Campana**. L'Éducation de la Vierge. **A. Carrache**. Un Évêque guérissant un malade, trois dessins au crayon noir et à la plume.

195. **G. Manozzi**. Calvaire, etc, **P. Véronèse**. Moïse sauvé des eaux. **F. Bartholomeo**. Saint François-Xavier, trois dessins au bistre et à la sanguine.

196. **Corrége**. Tête de femme. **Jean d'Udine**. Un Cerf. **Santi Tito**. Jésus prêchant. **B. Pupini**. Suppliant aux pieds d'un guerrier, quatre dessins au bistre et à la plume.

197. **Jean Cimabué**. Embarquement d'une armée. **Le Tintoret**. Agonie d'un saint. **P. de Cortone**. Allégorie. **V. Carletti**. Joseph et la femme de Putiphar, quatre dessins à la plume.

198. **G. Cesari, dit le Cavaliere d'Arpino**. Homme poursuivi par un cheval fougueux. **B. Luini**. Jeune fille pleurant sur un tombeau. **A. Carrache**. Paysage. **J.-A. Segliani**. Vieillard prosterné aux pieds de trois jeunes filles, quatre dessins au bistre, à la plume et à la sanguine.

199. **A. Kauffmann**. Jeune femme assise au milieu de ses enfants et d'un troupeau. **G. Bobatti**. Mercure remettant à Pâris la pomme. **Jean d'Udine**. Cerf. **And. del Sarte**. Draperies, quatre dessins à la plume, au bistre, à la sanguine et à la mine de plomb.

200. **An. Mantegna**. Sujet tiré de l'histoire grecque. **Tiziano Vecelli**. La Vierge et l'Enfant

Jésus. **An. Carrache**. Le Christ mort, sur les genoux de la Vierge. **Guido Reni**, Saint Jérôme soutenu par un ange, quatre dessins au bistre, à la plume et à la sanguine.

201. **J. Campagnola**. La Fuite en Égypte. **Le Parmesan**, Mariage de sainte Catherine. **J.-B. Paggi**. Saint François méditant sur la mort, esquisse à l'huile. Deux dessins à la plume.

202. **Fr. Bartholomeo**. Sainte Famille. **Le Tintoret**. Le Martyre d'une sainte. **An. Carrache**. Paysage avec figures (Collection Donadieu), trois dessins au bistre et à la plume.

203. **Le Pérugin**. Jésus-Christ dans sa gloire. **B. Castiglione**. Portrait d'homme. **Paul Véronèse**. Études diverses. **Pietro da Cortona**. Sujet de l'histoire romaine, quatre dessins à la plume, à la sanguine et au bistre.

204. **P. Wouwermans**. Cheval attaché à un arbre. **Berghem**. Deux hommes tirant un filet. **J. Rottenhamer**. Sacrifice. **A. Diepenbeeke**. Le supplice de la scie, quatre dessins à la plume, au bistre, à la sanguine et au crayon noir.

205. **Hondekoëter**. Chat couché. **Berghem**. Vaches dans un gué. **J. Ruysdaël** Ruines. **B. Breemberg**. Cirque en ruines, quatre dessins à la sanguine, au lavis, à la sépia et à la mine de plomb.

206. **J. Verbrugge**. Paysage avec figures et animaux. **Saintheond**. Paysage. **Jean Wildens**. Village traversé par un cours d'eau, trois

dessins à la mine de plomb, à la plume et à l'aquarelle.

207. **J.-E. Weirotter**. Bords de la mer. **B. Van Orley**. Sujet allégorique. **PP. Rubens**. Tête d'homme. **Regters**. Prédication, quatre dessins au lavis, à la sanguine et au bistre.

208. **D. Teniers fils**. Paysanne **J. Rottenhamer**. Actéon changé en cerf. **G. Flinck**. Famille au bord d'une mare. **J. Steen**. Un Buveur. **Branskoops**. Paysage avec figures, quatre dessins au lavis, à la plume et au bistre.

209. **W. Witringa**. Marine. **M. Hobbema**. Paysage avec figures. **Swebach**. Un camp en Égypte. **G. Neyts**. Paysage traversé par un cours d'eau, quatre dessins au lavis et à l'aquarelle.

210. **F. Verdier**. Alexandre le Grand tuant un sanglier à la chasse Spitamène fait apporter à Alexandre la tête de son mari, deux dessins à la plume lavés.

211. **P. Mignard**. Études d'anges. **E. Lesueur**. Étude pour un des plafonds de l'hôtel Lambert, deux dessins à la sanguine.

212. **J. Raoux**. Famille, deux dessins au crayon noir rehaussé sur papier bleu.

213. **N. Poussin**. Bacchanale, la Madeleine aux pieds du Christ, un Homme trayant une vache, trois dessins à la sanguine et à la plume.

214. **F. Boucher**. Allégorie, Sainte Famille. **J.-B. Greuze**. Étude de tête, trois dessins au crayon noir rehaussé et à la sanguine.

215. **P. Mignard.** Les saintes femmes au tombeau du Christ. **N. Mignard.** La Justice. **N. Poussin.** Dieu Therme. **Sauvan** d'Avignon. La Vierge foulant aux pieds le Serpent, quatre dessins à la plume lavés.

216. **A. Manglard** Port de mer avec figures. Paysage avec figures. **P.-A. de Machy.** Paysage avec figures et animaux. Trois dessins à la sanguine et au crayon noir.

217. **N. Poussin.** Mort de Virginie. **P. Puget.** Marine. **F. Boucher.** Les Amours peintres. **E. Lesueur.** Sujet historique (collection Ploos Van Amstel). **J.-B.-M. Pierre.** Sujet tiré du Pastor fido. Cinq dessins à la plume, au crayon noir et à la sépia.

218. **J.-B. Pater.** Jeux d'enfants. **N. Lancret.** Jeux d'enfants; au verso : un Galant aux genoux d'une belle à laquelle il offre une fleur. **Ch. Lebrun.** La Salutation angélique. **J. Callot.** Jeune et vieille femme. **Carle Vanloo.** Le Christ en croix, signé. **N. Poussin.** Allégorie Six dessins à la sanguine, à la plume et au lavis.

219. **A. Dieu.** Le Festin de Balthazar. **J.-B. Leprince.** Paysage avec figures et animaux. **Bon Boulogne.** La Sainte Famille. **Cl. Lorrain.** Paysage avec figures et animaux. Quatre dessins à la sépia, à la sanguine et au bistre.

220. **A. Manglard.** Marine. Paysage avec figures. **Séb. Leclerc.** Sujet allégorique. **N. Poussin.** Etude de femme couronnée de fleurs. Quatre dessins au bistre et au lavis

221. **Ph. Parizeau.** Mort de Lucrèce. **Michel-Ange Challe.** Paysage avec ruines et figures **Châtelin.** Académie d'homme. **Carle Vanloo.** Sujet religieux. Quatre dessins au bistre, à la sanguine et au crayon noir.

222. **Tiziano Vecelli.** La sainte Vierge lisant. **Pordenone.** Phaéton conduisant le char du soleil. Deux dessins au bistre.

223. **S. Cantarini.** Vénus et les Amours. **A. Carrache.** Saint François aux pieds de la sainte Vierge. **Tiziano Vecelli.** Vénus couchée. Trois dessins à la plume et à la sanguine.

224. **Fra Bartholomeo.** La Vierge au trône. **J. Romain.** Chevaux. Deux dessins à la plume et à la sanguine.

225. **Le Parmesan.** Femme debout. **Corrège.** L'Amour. Deux dessins à la plume.

226. **Polydore de Caravage.** Le Christ mort pleuré par les Saintes Femmes. **B. Peruzzi.** Le char de l'Aurore. Deux dessins à la sépia et au crayon noir, lavé de bistre.

227. **Raphaël Sanzio.** Etude de femme debout. **Tiziano Vecelli.** Etude de mains, au verso, un autographe du maître. **J. Romain.** Le Cheval de Troie. Trois dessins à la plume.

228. **Velasquez da Sylva.** Etude de cavalier. **J. Cavedone.** Sainte famille. Deux dessins à la sanguine et au bistre, rehaussé.

229. **Le Parmesan.** Prométhée ravissant le feu sacré. David montrant la tête de Goliath. Deux dessins à la plume (collection Thibaudeau).

230. **B. Castiglione.** Berger à cheval conduisant son troupeau. **Le Dominiquin.** Tête de jeune fille. **Le Tintoret.** Sujet allégorique. **G.-F. Grimaldi.** Paysage. Quatre dessins à la plume et à la sanguine.

231. **Tiziano Vecelli.** Vénus, Diane et l'Amour. **Raphaël Sanzio.** Femme assise. **Polydore de Caravage,** Faune faisant de la musique. Trois dessins à la plume.

232. **Raphaël Sanzio.** Guerriers à cheval. **Parmesan.** Sainte Famille. Sybille (collection du chev. D...) Trois dessins à la plume, à la sépia et à la sanguine.

233. **Corrége.** Fresques de Parme. Trois dessins au bistre.

234. **B. Gaal.** Choc de cavalerie. **J.-B. Wenix.** L'Embarquement. **J. Jordaëns.** Israélites adorant le veau-d'or. Trois dessins à l'encre de Chine et à la sanguine.

235. **Lucas de Leyde.** Décapitation d'un saint. **N.-M. Deusch.** Costumes d'hommes et femmes. Deux dessins à la plume.

236. **Zeeman.** Marine, sur vélin. **Van Goyen** (d'ap.). Marine. Deux dessins à la plume et à l'aquarelle.

237. **N. Berghem.** Halte de Bohémiens. **A. Van Wanum.** Deux paysages avec figures et animaux. Trois dessins à la pierre noire et au lavis.

238. **Van Huysum.** Paysage avec figures. **Simon Vleiger.** Paysage où sont des édifices en ruines. **Josse de Momper.** Paysage avec rivière.

Trois dessins à la plume un peu lavés d'aquarelle.

339. **H. Saft Leven.** Entrée d'une forêt. **J. Both.** Paysage avec personnages. Deux dessins au crayon, lavés.

240. **J. Both.** Paysage avec figures et animaux. **Jean Breughel dit de Velours.** Paysage avec figures et animaux. Deux dessins à la plume et au lavis.

241. **A. Van Dyck.** Portrait d'homme. **C. Schut.** Mariage de sainte Catherine. **Gibelin.** Femme enlevée par un centaure. Trois dessins à la plume et au crayon noir.

242. **Jean Livens.** Guerrier avec un chien. **Th. Van Thulden.** La Vierge et l'Enfant. **D. Teniers fils.** Homme causant avec deux femmes. Trois dessins au crayon noir.

243. **L. Bakhuysen.** Marine. **J. Van Stry** Bergers gardant des vaches. **J. Blyhooft.** Armée en mouvement. Trois dessins à la plume, lavés.

244. **Jean Both.** Paysage avec figures. **Ph. Wouwermans.** Le Départ. **J. Van Stry.** Le passage du gué. Trois dessins à la plume, lavés au bistre.

245. **P. Molyn.** Deux paysages avec figures et animaux. **M. Hobbema.** Paysage avec figures. Trois dessins à la pierre noire et au lavis.

246. **Th. Van Thulden.** Assassinat de Penthée. **J. Blyhooft.** Vue d'un village avec figures et animaux. **Ant. Van Dyck.** Saint Martin partageant son manteau. Trois dessins à la plume, lavés.

247. **Everdingen** (Aldert van). Paysages avec figures et animaux. Deux dessins à l'aquarelle.

248. **Everdingen** (Aldert van). Deux paysages de forme ronde formant pendant. A l'aquarelle.

249. **Van Goyen**. Marines, deux dessins à la pierre noire.

250. **C. Polembourg**. Étude de femme nue. **Ant. Van Dyck**. Sainte Madeleine, Saint Martin, trois dessins à la sanguine et au crayon noir.

251. **Jos. Vernet**. Laveuses au bord d'une rivière. **Ant. Watteau**. Danseuse. Joueur de flûte, avec croquis au verso. Le Repas, quatre dessins à la sanguine et à l'encre de Chine.

252. **Carle Vanloo**. Tête de jeune fille. **J.-B. Greuze**. Jeune mère avec deux enfants. **Ch. Natoire**. Étude de femme. **N.-N. Coypel**. L'Annonciation. **C. Vernet**. Convoi militaire, cinq dessins à la pierre noire, à la sanguine et à l'aquarelle.

253. **N. Perignon**. Paysage avec figures. **F. Verdier**. Mort de Germanicus. **Duringuer**. Paysage accidenté avec figures. **Th. Desfriches**. Paysage avec figures et animaux, quatre dessins à l'encre de Chine et au crayon noir.

254. **Ecole Française**. Pères de l'Eglise. **J. Jouvenet**. Sainte Famille. **Vegrier**. Décapitation. **J.-B. Greuze**. Tête de femme. **Bon Boullongne**. Jésus guérissant les malades, cinq dessins au bistre, à la plume et à la sanguine.

255. **J.-B. Greuze.** Jeune fille faisant la lecture à sa mère. **De Longueil.** Esther et Assuérus. **E. Lesueur.** Tête d'étude. **J. Cousin.** Homme effrayé. **J.-M. Vien.** Séparation douloureuse, cinq dessins à la sanguine, à la plume et au crayon rehaussé.

256. **Ph. de Champagne**. Esther et Assuérus. **Moitte.** Tête de jeune fille. **Coste.** Paysage avec figures. **J. Forest.** Vue d'un moulin à eau, quatre dessins à la plume, au bistre et au lavis.

257. **Volaire.** Divinités des eaux. **J.-B. Leprince.** Intérieur de ferme. **G. de Lairesse.** Une Sainte devant un empereur. **Ch. Lebrun.** La Pythonise, quatre dessins au bistre, à la sanguine et à la plume, lavés

258. **Jean Marot.** Mascarades, Danses champêtres, deux dessins à la plume, lavés.

259. **J. G. Wille.** Paysage, signé et daté 1771. **F. Solimena.** Vénus cherchant à arrêter le départ d'Adonis. **J. M. Vien.** Apparition de la Vierge à un guerrier **J. F. Milé.** Paysage avec figures, quatre dessins à la plume et au bistre.

260. **B. Picard.** Portrait entouré par des amours. **J.-F. Milé.** Paysage avec figures. **N. Montagne.** Vue d'une ville baignée par une rivière. Le pont de Vernon-sur-Seine, quatre dessins à la sanguine et au lavis.

TROISIÈME VACATION

Mercredi 15 Avril 1863

261. **J.-A. Watteau**. Portrait de femme debout. Paysage avec figures. Arabesques. **J.-B. Huet**. La bergère endormie, quatre dessins au bistre, au crayon noir et à la sanguine.

262. **An. del Sarte**. Sainte Famille. **Le Dominiquin**. Martyre de sainte Cécile. **Corrége**. Première pensée du S. Jérôme, trois dessins au bistre, à la plume et au crayon noir.

263. **J. Romain**. Sainte Famille. **G. A. Donducci**. Réunion de guerriers. **Corrége**. Étude d'enfant. **Guido Reni**. L'enlèvement d'Europe, quatre dessins à la plume et au crayon noir.

264. **Grimaldi**. Paysage. **F. Albani**. Deux anges. **B. Schidone**. La Vierge et l'Enfant Jésus. **F. Vanni**. S. François aux pieds de la Vierge, quatre dessins à la plume, à la sanguine et au crayon noir.

265. **Le Giorgion**. La Présentation au temple. La Naissance de la Vierge, deux dessins à la plume. (Collection Vallardi.)

266. **J. Romain**. Un repas. La Résurrection. **Séb. del Piombo**. Prédication. **Corrége**. Diverses études, quatre dessins à la sanguine et au crayon rehaussé.

267. **Corrége,** Sainte Famille. **Guido Reni.** Le Christ en croix. **Tiziano Vecelli.** Tête de jeune homme, quatre dessins à la sanguine, à la plume et au bistre.

268. **F. Zuccarelli.** Paysage avec figures. **An. Carrache.** Le Satyre et l'Amour. **Raphaël** (école de). Judith portant la tête d'Holopherne, trois dessins à la plume et au crayon rehaussé.

269. **E.-A. Gibelin.** La chaste Suzanne. **An. Carrache.** Paysage avec figures. **F. Albani.** L'enlèvement de Proserpine. **G. Curti.** La Vierge au milieu de plusieurs saints, quatre dessins à la sanguine et à la plume.

270. **J. Palmieri.** Le passage du gué. **L. Cardi** dit **Civoli.** Un roi vaincu. **Ventura Salembini.** Un Saint entouré d'anges. **Perrino del Vaga.** Joseph recevant ses frères, quatre dessins à la plume et au bistre.

271. **Parmesan.** Étude de femme. **Maruselli del Ombra.** Homme présentant une écuelle à une femme. **An. Carrache.** Les Joueurs de cartes. **B. Lutti.** Plafond, quatre dessins à la plume et à la sanguine.

272. **J. Romaim.** Pallas. **Celong.** Les deux amants. **L. Carrache.** Tête de femme. **Pandolfi.** Diverses études. **Passarotti.** Tête de religieux, quatre dessins à la plume, au crayon noir et à la sépia.

273. **Perino del Vaga.** Étude d'ange. S. François, **F. Primatice.** Collatin montrant aux Romains le cadavre de Lucrèce, quatre dessins à la plume.

274. **G. del Sole.** Fronton. **Le Guerchin.** Fuite en Égypte. **B. Schidone.** Les saintes Femmes pleurant sur le corps du Christ. **B. Passarotti.** Apollon jouant de la lyre, quatre dessins à la sépia et à la plume.

275. **Le Parmesan.** Tête de femme. **J. Palma le Jeune.** Étude de femme. **Le Guerchin.** Deux femmes et un vieillard. Diverses études, quatre dessins à la plume et à la sanguine.

276. **B. Van Orley.** La multiplication des pains. **J. Jordaëns.** Loth et ses filles, deux dessins à l'aquarelle et à la plume, lavé.

277. **H. Mayer.** Fontaine monumentale. **J. Both.** Paysage avec Figures et animaux. Deux dessins à la plume et au lavis.

278. **Michel-Ange Coxcie.** Adoration des Bergers. **J.-E. Quellin.** Bacchus entouré d'Amours. Deux dessins à la sépia et à la plume.

279. **Kobell.** Ville et Rivière vues au clair de la lune. **P.-J. Jacobs.** Paysage avec figure. Deux dessins à l'aquarelle.

280. **P.-P. Rubens.** Baigneuses. **Ant. Van Dyck.** Le Christ mort sur les genoux de la Vierge. **Ecole Hollandaise.** Vache couchée. **C. Pronc.** Vue d'une Place publique. Quatre dessins à la sanguine, à la plume et à la pierre noire.

281. **Jean Steen.** Médecin visitant un Hôpital. **Jean Miel.** Place publique animée de figures. **K. Dujardin.** Étude de Moutons. Trois dessins au lavis et à la sanguine.

282. **Th. Matham.** Saint Jean-Baptiste prêchant

dans le Désert. **Ecole Flamande.** Vierge dans une Gloire. **P.-P. Rubens.** Le Jugement de Salomon. Trois dessins au bistre et à la plume.

283. **Van Huysum.** Paysage avec édifice. **J.-G. Dietrich.** Paysage avec figures et animaux. **Ecole Flamande.** Mars et Vénus Trois dessins au bistre, à l'encre de Chine et à la plume.

284. **D. Teniers.** Paysage avec figures. **J. Van Campen.** Marine. **J. Ruysdaël.** Paysage. Trois dessins à l'aquarelle et au lavis.

285. **J. Esselens.** Paysage au bord de l'eau. **L. Van Uden.** Vue d'une ville. **J. Van Ostade.** Paysage. **Swcebach.** Cavaliers. Quatre dessins à l'aquarelle.

286. **Simon Julien** Céphuse coupant les ailes de l'Amour. **Ecole Française.** Deux Femmes versant à boire à un Vieillard. **J. Stella.** Un Sacrifice. **Cl. Vignon.** Son portrait. Quatre dessins à la sanguine et à la plume. **P. Parrocel.** Vénus et Adonis. Esquisse à l'huile.

287. **T.-A. Desfriches.** Paysage avec figures. **G. Dughet.** Paysage. **J.-B. Leprince.** Bergère pêchant au bord d'un Moulin. Trois dessins à la plume et à la mine de plomb.

288. **N. Poussin.** Étude de Femme drapée. Assomption. **Félix Delarue.** Bas-relief. **P. Puget.** Martyre d'une Sainte. **J.-B. Greuze.** Enfant à genoux. Quatre dessins à la sanguine et à la sépia.

289. **F. Boucher.** Les Amours Peintres. Un Amour. **N. Poussin.** Renaud et Armide. **N.-P. Loir**

La Naissance de la Vierge. **Greuze.** La Bonne Aventure. Cinq dessins au bistre, au crayon noir et à l'encre de chine.

290. **J. Callot.** Paysage avec figures. Bataille. **J. Vernet.** Vue d'un port de mer. **P. Puget.** Marine. Quatre dessins à la plume.

291. **Ecole Française.** Armée en marche. **F. Boucher.** Le Berger pressant. **Greuze (J.-B.)** Repos en Égypte. Étude de Tête de jeune Fille. Quatre dessins à la sanguine, au bistre et à l'encre de chine.

292. **N.-H. Fragonard.** Sujets d'amour pour des plafonds, peints par le maître à Trianon. Trois jolis dessins au bistre.

293. **Ecole Française.** Paysage avec figures et animaux. Pyrrhus et Porsenna. **Simon Julien.** Couseuses et Liseuses. **P. Brebiette.** Le Serpent d'airain. **Séb. Leclerc.** Dieu créant l'Homme. Dieu créant la Femme. Cinq dessins à la plume, au bistre et au crayon noir.

294. **E. Lesueur.** Composition Allégorique. **P. Mignard.** Tête d'Ange. Deux dessins au crayon noir et à la sanguine.

295. **Cl. Lorrain.** Paysage avec Ruines. **G. Dughet.** Paysage avec figures. Deux dessins au bistre et au crayon noir, rehaussé.

296. **F. Boucher.** Paysage. **J. Leprince.** Paysage avec figures. Deux dessins à l'aquarelle.

297. **F. Boucher.** Femme couchée, au crayon noir, rehaussé sur papier bleu. Femme couchée. Esquisse sur papier.

298. **J.-B. Pater**. Etudes de Femmes assises et debout. Trois jolis dessins à la sanguine.

299. **P. Puget**. Saint Évêque implorant le Seigneur. **N. Poussin**. Moïse foulant aux pieds la couronne de Pharaon. Deux dessins à la sanguine et au bistre.

300. **E. Lesueur**. La Visitation. **N. Poussin**. La Présentation au Temple. **Ch. Lebrun**. Combat. Trois dessins à la plume et à la sanguine.

301. **B. Schidone**. Études pour le Martyre d'une Sainte. **Tiziano Vecelli**. Croquis de deux Guerriers. **F. Albani**. Triomphe de Bacchus. **C. Cignani**. La Vierge et l'Enfant-Jésus. Quatre dessins à la sanguine, à la plume, lavés et au crayon noir.

302. **An del Sarte**. Etude de Femme. **Timoteo del Vitte**. Jésus sortant de son Tombeau. **F. Albani**. Jeux d'Enfants. **Guido Reni**. Le Massacre des Innocents. Quatre dessins au bistre.

303. **F. Albani**. Saint au milieu d'une gloire d'Anges. **And. del Sarte**. Son portrait. **A. Carrache**. Paysage avec figures. **Gaudenzio Ferrari**. La Fuite en Égypte. Quatre dessins à la plume et au bistre.

304. **Le Baroche**. Sainte-Famille. **T. Zuccharo**. Réunion de Guerriers. **Le Guerchin**. Homme tenant un Livre. Trois dessins au bistre et à la plume.

305. **G.-B. Cipriani**. Étude de Femme. **Michel-Ange Coxcie**. Sacre de David. (Collection Kaiëman). **C. Maratte** Jésus-Christ portant la

Croix. **Le Guerchin** (d'après). Saint Paul guérissant Elymas. Quatre dessins à la plume, au bistre et au crayon noir.

306. **Pelegrino Tibaldi.** Fresque. **B. Passarotti.** Études d'Hommes nus. **V. di San Gimignano.** Les Apôtres regardant le Ciel. **C. Maratte.** La Trinité recevant la Vierge à son arrivée au Ciel. Quatre dessins au crayon noir, à la plume et au bistre.

307. **Le Guerchin.** Tête d'Homme. **C. Maratte.** Sujet Mythologique. **Guido Reni.** Infidèles tombant de frayeur à l'apparition de Jésus. **Le Parmesan.** Hylas changé en Fleur. Quatre dessins à la plume, au bistre et à la sanguine.

308. **A. Carrache.** Bohémiens au Repos. **Guido Reni.** Tête de Vieillard. **C. Maratte.** La Vierge adorée par Saint Jean. La Toilette de Vénus. Quatre dessins au crayon noir, à la sanguine et à la plume.

309. **Le Parmesan.** Étude de Vieillard debout. **C. Maratte.** La Sainte-Trinité. **G.-P. Pannini.** Guerriers sur des Ruines. Trois dessins à la sanguine.

310. **Guido Reni.** Paysage avec figures. Jésus sur la montagne. **A. Carrache.** Bacchus et Ariane. **C. Maratte.** Sujet mythologique, quatre dessins à la plume et au crayon rehaussé.

311. **Guido Reni.** L'Annonciation. **A. Carrache.** Paysage avec figures. **Le Tintoret.** L'Adoration des Bergers. **B. Castiglione.** L'Adoration des Rois, quatre dessins au bistre, à la plume et au crayon rehaussé.

312 **A. Carrache**. Paysage avec figures. **C. Maratte**. Sainte-Famille. **Bibiena**. Paysage avec édifices en ruines. **Fra Bartholomeo**. Saint Jean; quatre dessins à la plume et au crayon noir.

313. **P. Véronèse**. Mort d'une sainte, Saint Jean-Baptiste. **And. Schiavone**. Les Noces de Cana, trois dessins à la plume, lavés.

314. **C. Maratte** Diverses études de têtes. **B. Bandinelli**. Études diverses. **F. Albani**. Hercule couronné de fleurs, trois dessins à la sanguine et à la plume.

315. **F. Trevisani**. Femmes pleurant. **S. Cantarini**. Amours jouant. **And. del Sarte**. Amours voltigeant. **G. Reni**. Sybille, quatre dessins à la plume, à la sanguine et au crayon noir.

316. **H. Spilman**. Paysage avec fig. **B. Breemberg**. Cirque en ruines, deux dessins au bistre.

317. **J. van Huysum**. Bouquet de tulipes. **P. van Bloëmen**. Le Maréchal-Ferrant, coll. Van den Zande. **A.-J. Oëser** Homme transportant un mort, trois dessins au crayon, rehaussé à l'encre de Chine et à la sépia.

318. **J. Snellinck**. Paysage au bord d'une rivière. **J. Ruysdaël**. Paysage avec chaumières. **D. Téniers** fils. Paysage avec figures et animaux, trois dessins à l'encre de Chine, au crayon rehaussé et au crayon noir.

319. **Jean Vande meer de Jonghe**. Troupeau au pâturage, signé et daté 1688. **J.-H. Roos**. Pâtre gardant son troupeau, deux dessins à la sanguine.

320. **G. de Crayar.** Apothéose de sainte Catherine. **P.-P. Rubens.** Tête de satyre, deux dessins au crayon noir rehaussé et à la sanguine.

321. **Paul van Lieder.** Deux paysages avec figures et animaux, signés et datés 1765, à l'encre de Chine.

322. **J. B. Weenix.** Paysage avec figures. **Ant. Waterloo.** Forêt. **N. Berghem.** Berger et Bergère conduisant leur troupeau, trois dessins à la sanguine et à la mine de plomb.

323. **T. Wyck.** Vue d'un port de mer, signé. **M. Mérian.** Paysage. **N. Berghem.** Le Passage du gué, trois dessins au bistre et à la mine de plomb.

324. **N. Pérignon.** Paysage avec figures, signé. **G. Dughet.** Paysage avec figures. **Constantin d'Aix.** Danse villageoise. **J.-B. Huet.** Berger et Bergère conduisant leur troupeau, quatre dessins à l'aquarelle et à la plume.

325. **F. André-Vincent.** La Vierge et l'Enfant Jésus. **Beaufort.** Saint Jérôme. **G. Lanfranco.** Martyr d'un saint. **Parizeau.** Adam et Ève, quatre dessins à la sanguine et au bistre.

326. **J.-B. Deshays.** Jésus couronné d'épines. Jésus succombant sous sa croix. **Chardin.** Marchande et son enfant. **Cl. Gellée.** Paysage. **N. Poussin.** Hommes et femmes au pied d'une statue, quatre dessins au bistre et à la plume.

327. **N.-N. Coypel.** Don Quichotte armé chevalier. **Jean Leblond.** La chaste Suzanne. **F. Verdier.** Un Centaure présentant Hercule enfant à Apollon. **Seb. Bourdon.** Entrée de Jésus à

Jérusalem, quatre dessins à la sanguine et au bistre.

328. **Jean Leprince**. Paysage représentant un intérieur de ferme. **Cl. Lorrain**. Les Pèlerins d'Émaüs. **J.-B. Huet**. Les Deux Amants, deux dessins au bistre et au crayon noir.

329. **Delarue**. Bas-relief. **J.-M. Vien**. La Marchande d'Amours. **J.-B. Vanloo**. Apollon faisant écorcher Marsyas. **Ch. Delafosse**. Académie d'homme, quatre dessins à la plume et à la sanguine.

330. **Ant. Dieu**. L'Adoration des Rois. L'Adoration des Bergers. **F. Boucher**. Jeune Femme ayant l'Amour à ses pieds. **J.-B. Pater**. Etudes de têtes et d'enfant. **J.-B. Greuze**. Tête de jeune fille, cinq dessins à la sanguine, au crayon noir, à l'encre de Chine et à la plume.

331. **Ecole française**. Homme sur le rivage, montrant une tête de mort. **Demarne**. Paysage avec figures et animaux. **T.-A. Desfriches**. Paysage avec figures. Paysage avec ruines et figures, quatre dessins à l'encre de Chine, au crayon noir et à la sanguine.

332. **Ph. de Champagne**. Deux Anges, dont l'un tient une croix et l'autre un calice. **J. Parrocel**. Deux combats de cavalerie. **Ecole française**. La Sainte Famille. **P. Puget**. Marine, cinq dessins à la plume, au bistre et au crayon noir.

333. **J.-B. Huet**. Villageoise gardant deux ânes. La Mère et ses enfants. **Bon Boullogne**. Saint

Siméon. **J.-B. Leprince**. Combat de deux cavaliers. **De la Pegnia**. Fontaine et Paysage, cinq dessins à la plume, à la sanguine, au bistre et au crayon noir.

334. **Garafolo**. L'Adoration des Bergers. **G. Ghisi**. Les Trois Parques. **J. Romain**. Centaure. **H. Gennari**. Homme méditant, quatre dessins au bistre et à la plume.

335. **G. Palmieri**. Paysage avec figure et animaux. **J. Cavedone**. La Vierge et l'Enfant Jésus. **P. Testa**. Les Apôtres au tombeau du Christ. **Rosso del Rosso**. Sujet mythologique, quatre dessins au bistre et au crayon noir rehaussé.

336. **P.-F. Mola**. Ermite en prière. **N. Poussin**. Hommes et Femmes buvant. **A. Carrache**. La Paix ramenant l'Abondance. **P. Testa**. Le Baptême de Jésus-Christ, quatre dessins à la plume et au bistre.

337. **Daniel de Volterre**. Jésus chez Simon le Pharisien. **Corrège**. Jupiter et Antiope. **Tintoret** (école du). La Paix ramenant l'Abondance. **G. Palmieri**. Le Martyr d'un Saint, quatre dessins à la plume, au bistre et au crayon rehaussé.

338. **B. Bianchi**. Jésus succombant sous sa croix. **Ant. Raph Mengs**. Repos de la Sainte Famille. **Le Guerchin**. Etudes diverses. **G.-P. Pannini**. Bas-Relief et Monuments antiques, quatre dessins à la sanguine, au bistre et à la plume.

339. **V. Castelli**. Sainte Famille. **Polydore de**

Caravage. Femme debout. **Le Dominiquin.** Tête de jeune Fille. **L. Carrache.** Un Saint Religieux, quatre dessins au crayon noir et au bistre.

340. **Le Guerchin.** Le roi David. **V. Catena.** Diverses études. **Rap. Mengs.** Bergers conduisant leurs troupeaux. **M. Coxcie.** David dansant devant l'Arche, quatre dessins à la plume, au bistre et au crayon noir.

341. **Le Parmesan.** Baptême. **J. Romain.** Neptune enfant près d'un monstre marin. **Guido Reni.** Dieu chassant Adam et Ève du Paradis. **Salviati.** Porsenna au camp de Pyrrhus (collection Kaïeman), quatre dessins au bistre et à la plume rehaussé.

342. **École Italienne.** Anges apparaissant à une Sainte. **J.-A. Sagliani.** Martyr d'un Saint. **Le Parmesan.** La Vierge et l'Enfant Jésus. **Raphaël Sanzio.** Divers croquis. **F. Solimena.** Scène de Douleur. **G. Palmieri.** Paysage avec figures (collection Kaïeman), six dessins à la plume et au bistre.

343. **Corrège.** Fresque de Parme. **Placidio Constanzi.** La Vierge et l'Enfant Jésus adorés par plusieurs Saints. **F. Trovisani.** La Vierge et l'Enfant Jésus. **Le Carrache.** Sujet de plafond, quatre dessins à la plume, au crayon noir et à la sanguine.

344. **A. Appiani.** L'Adoration des Bergers. **L. Massari.** Prêtre célébrant la messe. **Dominiquin.** Académie d'Homme. **Ch. Lotti.** La

Vierge et l'Enfant Jésus. **Le Guerchin.** Saint-François méditant sur la mort. **Procaccini.** La Foi, six dessins à la sépia, à la sanguine et au bistre.

345. **H. Bol.** Paysage. **And. Both.** Etudes. **N. Berghem.** Joueur de Cornemuse. **C. Visscher.** Portrait de vieille femme. **P. Gignoux.** Paysage. **S. Merian.** Tulipe. **A. Brauwer.** Homme causant, sept dessins à l'encre de chine, à la sanguine et à la plume.

346. **J. Leduc.** Hommes debout et assis. **P.-P. Rubens.** Études de têtes. **Ant. Palamèdes.** Homme debout, cinq dessins à la pierre noire et à la sanguine.

347. **J. Storck.** Marine, signé et daté 1680. **Lenpenius.** Vue d'une rivière de Hollande. **Pierre Molyn.** Paysage. **G. Nieuvenhuysen.** Paysage avec figures et animaux, quatre dessins à l'aquarelle et à la plume lavé.

348. **École flamande.** Vénus pleurant la mort d'Adonis. **D. Teniers** fils. Une Sorcière. **Alb. Cuyp.** Joueur de flûte. **J. Jordaëns.** Mercure et Mars offrant une coupe à une femme. **J. Savery.** Enlèvement, cinq dessins à la plume, à la mine de plomb, à la sanguine et à la pierre noire.

349. **A. Van Velde.** Homme couché. Cheval chargé. **J. Romain.** Cheval chargé. **Ant. Sallaërt.** Sujet religieux. **D. Téniers** fils. Le Bénédicité. **Isaac Van de Velde.** Deux cavaliers avec un chien dans un paysage, six

dessins à la pierre noire, à la plume. au bistre et à l'aquarelle.

350. **S. Hemskerck.** Scène de cabaret. **J.-E. Ridenger.** Cerf couché. **P. Van Bloemen.** Le Maréchal-ferrant. **Vanden Eckhout.** Portrait d'homme. **Gibelin.** L'Enlèvement d'Europe, cinq dessins à la pierre noire, à la plume et à la sanguine.

351. **Carle Vanloo.** Étude de tête. **Ch. de Lafosse.** Fleuve et Divinités des eaux. **J.-B. Greuze.** Jeune fille en proie à la douleur. **Bouchardon.** Assomption de la Sainte Vierge, six dessins à la pierre noire, à la sanguine et à la plume.

352. **Cl. Lorrain.** Fuite en Égypte (collection Denon et Vanden Zande). **P. Parrocel.** Une Sainte aux pieds de la Vierge. **M. Corneille.** Patriarche offrant un sacrifice. **J.-B. Oudry.** Combat d'un tigre et d'un lion, quatre dessins à la sanguine, à l'encre de chine et à la plume, lavé.

353. **N. Poussin.** Les Israélites adorent le veau d'or (collection S.-J. Reynolds et Montmerqué). Armée en marche, deux dessins à la plume et à la sanguine.

354. **E. Lesueur.** L'Amour et Psyché, Psyché regardant l'Amour endormi. Etude de Femme, trois dessins à la sanguine et à la pierre noire.

355. **N. Poussin.** Bacchanale. **L. Boullogne.** Le Jeûne. Toilette de Vénus. **F. Verdier.** Apollon et Daphné, trois dessins à la pierre noire et au bistre.

356. **R. Nanteuil.** Portrait d'homme. **J.-M. Quenkhard.** Portrait d'homme, signé et daté 1755, deux dessins à la pierre noire.

357. **F. Boucher.** Tête de jeune fille. **Ch. Natoire.** Femme nue. **F. Boucher.** Jeux d'enfants, trois dessins au crayon noir.

358. **J. Vernet.** Tempête. **B. de Chancourtois.** Paysage avec figures, deux dessins à l'encre de chine.

359. **F. Boucher.** Têtes de jeunes filles et de jeunes garçons. Jeune fille tenant des fleurs sur ses genoux, sur papier bleu, deux dessins au crayon noir rehaussé.

360. **Greuze J.-B.** Académie de femme nue. Jeune fille surprise dans une chambre par un galant, deux dessins à la sépia et à la sanguine..

361. **G. Dughet.** Paysage avec figures. **J. Pillement.** Vue d'un château au bord d'une rivière, deux dessins à l'encre de chine et à la plume lavé.

362. **Perino del Vaga.** L'Ange de l'Annonciation. **B.-E. Murillo.** Scène d'intérieur. **F. Zuccaro.** Jésus au milieu de deux Saints. **Jacopo Locatelli.** Paysage avec figures et animaux, quatre dessins à l'aquarelle, à la plume, à l'encre de chine et à la sanguine.

363. **Baccio Bandinelli.** Académies d'hommes debout. **Corrège.** La Vierge et l'Enfant Jésus. Jupiter et Léda. **J.-B. Mola.** Sainte Madelaine, quatre dessins à la plume, au bistre et au crayon noir.

364. **J.-B. Cipriani.** La Vierge et l'Enfant Jésus. **And. Appiani.** Tête de jeune fille. **Le Dominiquin.** Paysage avec figures. **J. Romain.** Trophée. **Guido Reni.** Saint-François. **Le Parmesan.** Nymphe poursuivie, six dessins à à la plume, au bistre et au crayon noir.

365. **A. Carrache.** L'Homme de douleurs. **Paul Véronèse.** Sujet mythologique. **Dominiquin.** Sujet allégorique, trois dessins à la plume et au bistre,

366. **Franceschini.** Jésus insulté par les soldats. **L. Gazzi.** L'Assomption. **G. Diziani.** Jésus apparaissant à la Madeleine. **Le Tintoret.** Jésus à Emmaüs, quatre dessins au bistre et à la sanguine.

367. **Stephano Della Bella.** Guerriers à pied et à cheval. Paysage avec ruines, sur vélin. Le passage du Gué. Départ d'un convoi de chameaux. Paysan conduisant des bœufs et des chevaux. Femme traversant un gué, avec un enfant et des vaches, six dessins à la plume lavés.

368. **D. Calvart.** Vierge adorée par Saint François. **Le Guerchin.** Un Evêque, **Barbatelli dit Pacetti.** Religieux en prière. **Pierre Testa.** Prédication de Saint Jean, quatre dessins à la plume, à l'encre de Chine et au crayon noir.

369. **Gérard Dow.** La Dentelière. Joli dessin à la pierre noire.

370. **Corneille Visscher.** Portrait d'homme, signé et daté 1654. Beau dessin au crayon noir sur vélin.

371. **P.-B. Ommeganck.** Paysage avec figures et

animaux. Deux dessins à la pierre noire, lavés d'encre de Chine.

372. **Ant. Van Dyck.** Le Christ mort sur les genoux de la Vierge. Esquisse à l'huile sur papier. (Collection Montmerqué.)

373. **Isaac Moucheron.** Vue d'un Parc avec cascade et où l'on aperçoit plusieurs figures, signé et daté 1737 Charmant dessin à l'aquarelle.

374. **N. Berghem.** Le Passage du gué. Joli dessin au bistre.

375. **N. Berghem.** Paysage avec animaux. Charmant dessin au crayon noir, lavé d'encre de Chine, signé et daté 1659.

376. **J.-H. Roos.** Voyageurs faisant abreuver leurs chevaux à une fontaine, au bistre, signé et daté 1667.

377. **A. Van Ostade.** Fumeur assis, vue de dos, au bistre.

377 *bis.* — Fumeur appuyé.

Homme tenant une Cruche d'eau, vu de dos. Danse villageoise. Trois jolis dessins au bistre, à l'aquarelle et à la plume.

378. **M. Quentin Delatour.** Portrait d'Enfant, à l'aquarelle.

379. **Ant. Watteau.** Conversation dans un Parc. Esquisse à l'huile sur papier.

380. **Ecole Française.** Portrait d'Homme du temps de Henri II, aux trois crayons.

381. **Is. Sylvestre.** Vue de l'Isle-Notre-Dame et de la Maison de M. Bretonvilliers. Joli dessin à la plume.

382. **J.-B. Huet.** Têtes d'Enfants, de Chien et de Chat. Très-beau dessin au crayon noir et à la sanguine, signé.

383. **Wille** fils. Les Joueurs de Cartes. Beau dessin au bistre, signé *P. A. Wille filius, del* 1801.

384. **N. Fragonnard.** Les Jets d'eau. Charmante composition au bistre ; très-connue par la gravure de Delaunay.

385. **N. Fragonard.** Pyrame et Thisbé. Joli dessin au bistre.

386. **J.-B. Huet.** La Bergère. Dessin au crayon noir, rehaussé, sur papier bleu.

387. **J.-B. Huet.** Bergère assise. Très-joli dessin au bistre, signé et daté 1781.

388. **F. Boucher.** Etudes de têtes d'Enfants. Très-beau dessin au crayon noir rehaussé, sur papier bleu.

389. **Clément.** Portrait d'Homme. Joli dessin aux trois crayons, signé et daté 1758.

390. **Mortier.** Portrait d'Homme. Joli dessin aux trois crayons, signé et daté 1784.

QUATRIÈME VACATION

Jeudi 16 Avril 1863, Salle n° 6

391. **A. Van Velde.** Vache couchée, Charmant croquis à la pierre noire.

392. **P. Buonacorsi** dit **Périno del Vaga**. Résurection de Lazare. Très-beau dessin au bistre. (Collections Revil, Rossi et Vanden Zande.)

393. **Perino del Vaga**. Les Apôtres regardant le Christ monter au Ciel. Beau dessin au bistre. (Collection Montmerqué).

394. **And. del Sarte.** La Vierge et l'Enfant-Jésus. A la plume, lavé de bistre.

395. — La Vierge au Trône. A la plume, lavé de bistre. (Collection du Chev. D. de Turin.)

396. **Michel-Ange Buonarotti.** Académie d'homme courbé. Belle étude à la sanguine.

397. **Paul Véronèse**. Assemblée d'Évêques. Beau dessin au bistre, rehaussé de blanc, sur papier bleu.

398. **J Romain.** Combat avec des Éléphants. A la plume, lavé de bistre. (Collection du Chev. D. de Turin.)

399. **J. Romain**. La Résurrection. Beau dessin à la plume sur vélin. (Collection du Chev. D. de Turin).

400. **And. del Sarte.** Etude d'Homme dormant. Beau croquis au crayon noir, sur papier bleu.

401. **F. Mazzuoli** dit **le Parmesan**. L'Adoration des Bergers. Joli dessin à la plume, lavé de bistre.

402. **Le Baroche**. L'Adoration des Bergers. Très-joli dessin à la plume, lavé de bistre.

403. **Corrège.** Etudes d'Anges et d'Enfant. Deux dessins à la sanguine. (Collection du Chev. D. de Turin.

404. **Ecole Italienne**. Croquis de Figures et Paysages. Six dessins à la plume.

405. **Lantara**. Vue d'une Grotte. Au crayon noir, rehaussé sur papier bleu. **J. Vernet.** Combats de la *Surveillante* et du *Québec*. Deux dessins à l'encre de chine.

406. **Ch. Natoire.** Vénus. **P. Mignard.** Diverses études. Deux dessins à la sanguine.

407. **E. Lesueur.** Sacrifice à Neptune. **Séb. Bourdon.** Dieu châtiant Caïn. **Ecole Française.** Vénus et Adonis. Trois dessins au crayon noir, à l'encre de chine et à la sépia.

408. **N. Fragonard.** Nymphes et Amours. **C. Vanloo** Apollon sur le Parnasse. **N. Poussin.** Vénus et Adonis. Trois dessins à la plume, lavés de bistre.

409. **N.-N. Coypel.** Deux sujets Mythologiques pour plafonds. Au bistre.

410. **Cl. Lorrain.** Marine. **P. Puget.** Marine, sur velin. Deux dessins à la plume.

411. **E. Lesueur.** Etudes de Femmes pour un de ses Tableaux. **L. de Boullogne.** La Vierge et l'Enfant-Jésus. **N. Poussin.** Le Déluge. Trois dessins au crayon noir, à la sanguine et au bistre. (Collection Thibaudeau.)

412. **F. Lemoine.** Tête de Christ. **N. Poussin.** Les Pêcheurs. Sujet allégorique. **B. Lépicié.** Statue d'un Guerrier, signé. Quatre dessins à la sanguine et à la plume lavé.

413. **Ch. Natoire.** Etude de mains, Vieillard. Deux dessins à la pierre noire, rehaussés, sur papier bleu.

414. **F. Lemoine.** Tête de Christ. **Dupaty.** Vierge

portée par les Anges. **Ch. Parrocel**. Scène de Bohémiens. Trois dessins à la sanguine et au crayon noir.

415. **Ant. Watteau**. Jeune dame touchant du Piano. Comédien. Paysage. Trois dessins à la sanguine.

416. **J.-B Oudry**. Combat d'une Oie et d'un Canard. A la pierre noire. signé et daté 1747. Chiens se précipitant sur un Aigle. A la plume, rehaussé, sur papier bleu.

417. **E. Lesueur**. Tête de viellard. **Ch. Lebrun.** Étude d'une tête de femme de la famille de Darius, deux dessins à la pierre noire et aux trois crayons.

418. **L. Sylvestre**. Un Voyageur à cheval traversant une forêt. **G. Perelle**, père, Vue d'un château dans un paysage, deux dessins à la plume.

419. **J. Asselin**. Ruines avec figures. **Rodemaker**. Paysage avec ruines et figures, signé. **H. Saft-Leven**. Ruines. **B. Breemberg**. Paysage avec figures. **A. Both** (attribué à). Bohémiens, cinq dessins au bistre, à l'encre de Chine et à la pierre noire.

420. **Martin de Vos**. Jésus portant sa croix. **P.-P. Rubens**. Bas-relief, d'après l'antique. **J. Steen**. Vieille courant. **B. Spranger**. La Vierge et l'Enfant Jésus, cinq dessins à la plume, au bistre et au crayon rehaussé.

421. **J. Steen** Buveurs (Collection Kaïeman). **C. Bega**. Jeunes bergers conduisant leurs trou-

peaux. **P. Breughel**. Bohémiens. **F. Miéris.** Jeune fille faisant des bulles. **Gérard de Lairesse.** Sujet allégorique, signé, cinq dessins à la sépia, au bistre, à l'encre de Chine et à la sanguine.

422. **Ant. Waterloo**. Deux paysages faisant pendant. A l'aquarelle.

423. **J.-B. Oudry**. Un Chasseur. A la pierre noire, sur papier bleu. **H. Rigaud**. portrait d'homme avec autre portrait au verso. Portrait de Louis XV, deux dessins au crayon noir.

424. **B.-E. Murillo**. Trois Anges. **G. Ribera**. Sujet de la vie de Jésus-Christ. **And. del Sarte**. Sainte Famille. **L. Carrache.** La Femme adultère, quatre dessins au bistre

425. **V. di San Gimignano.** Guerriers. **Le Baroche.** Un Saint adorant la Trinité. **A. Cano.** Sainte Famille. **G. Ribera.** Saint Pierre. **Murillo.** Deux saints, six dessins au bistre, au crayon noir et à la sanguine.

426. **E. Lesueur**. Tête d'homme. Composition allégorique. **N. Poussin.** Les Israélites se désaltérant à la source du rocher frappé par Moïse, trois dessins à la plume, et au crayon noir.

427. **E. Lesueur** La Vierge et l'Enfant Jésus. **N. Fragonard.** Deux Amours. **De la Monce.** Jésus à Emmaüs, trois dessins au crayon noir, à la sanguine et à la plume lavé.

428. **Perino del Vaga**. Un Ange. **An. Carrache**. Paysage avec figures, au verso : l'adresse d'une lettre au maître à Parme. **C. Maratte.**

Adoration des rois. **J.-B. Castello.** Édifices en ruines, quatre dessins à la plume et au bistre.

429. **N. Poussin.** Paysage. Autre paysage avec pièce d'eau, deux dessins au bistre et à la plume.

430. **D. Piola.** La Fuite en Egypte. **Velasquez da Silva.** Don Quichotte. **An. Carrache.** David dansant devant l'arche. **G.-B. Mola.** Les Anges apparaissant à saint François mourant, quatre dessins à la pierre noire. à la sanguine et au bistre; deux sont sur papier de couleur.

431. **Cl. Lorrain.** Vue des environs de Rome. Paysage avec figures, deux dessins au bistre et à la plume.

432. **Raphaël Sanzio.** Dieu le père. **Della Bella.** Bataille. **C. Maratte.** Sujet religieux, Un martyr, quatre dessins au bistre, à la plume, à la sanguine et à la pierre noire.

433. **F. Boucher.** Paysage avec figures. **N. Poussin.** Cascade de Tivoli. **Henry**, élève de **J. Vernet.** Tempête, trois dessins à la pierre noire, à la plume et au bistre.

434. **J. Callot.** Vue d'une place forte. **Séb. Leclerc.** Monument de Louis XIV sur la place des Victoires. deux dessins à la plume et à la plume, lavé.

435. **J. Ruysdaël.** Paysage. **Rembrandt** Suzanne au bain. **J. Patenier.** Paysage avec figures. **Latsman.** Un Parc. **S. Merian.** Tulipe, cinq dessins à la plume et au bistre.

436. **J.-N. Nasini**. Un Repas sur le rivage. **Raphaël Sanzio**. L'Adoration des rois. **C. Maratte**. Guérison des malades. **L. Giordano**. Jésus sur la croix, quatre dessins à la sépia, au bistre et au crayon noir.

437. **J. Jouvenet**. Tête de vieillard. **Cl. Mellan**. Ganimède. **J.-B. Corneille**. Baptême de Jésus-Christ, trois dessins à la sanguine, à la pierre noire. et à la sépia.

438. **Le Dominiquin**. Tête de jeune fille. **Parmesan**. La Fuite en Égypte. **Raphaël Sanzio**. Cavalier. Au bistre sur papier bleu (collection du Chev. D. de Turin). **Pâris Bordone**. Jésus saisi par les Juifs. **C. Maratte**. La toilette de Vénus, cinq dessins au bistre et au crayon noir.

439. **P. Puget**. Saint confessant sa foi devant un proconsul. **F. Flamand**. Étude d'enfants. **N. Poussin**. Assemblée des dieux, trois dessins à la plume lavés et au crayon noir.

440. **L. Van Uden** Vue d'une ville bordée par une rivière. **F. Moucheron**. Paysage accidenté. **B.-P. Ommeganck**. Ruines. **H. Swanewelt**. Vue de Tivoli (collection Kaïeman), quatre dessins à l'aquarelle et à l'encre de Chine.

441. **Guido Reni**. Daniel dans la fosse aux lions. **C. Maratte**. Mort de Cléopâtre. Sainte Madeleine. **Parmesan**. Deux hommes debout, quatre dessins à la plume, au bistre et à la sanguine.

442. **P. Mignard**. Portrait d'homme assis. **Séb.**

Bourdon. Portrait d'ecclésiastique assis. **Ch. Lebrun**. Louis XIV à cheval, trois dessins à la plume, à la sanguine et à la pierre noire.

443. **Ch. De Lafosse**. Femme nue. **J.-B.-S. Chardin**. Tête de femme. **Ch. Natoire**. Étude de femme, trois dessins à la sanguine et au crayon noir.

444. **Parmesan**. La Vierge et l'Enfant Jésus. **Grimaldi**. Paysage. **Tintoret**. Jeune fille agenouillée aux pieds d'un pape. **Guerchin**. Jeune homme méditant, quatre dessins à la plume, au bistre et à la sanguine.

445. **N. Poussin**. Bacchanale. **Ecole Française**. Satyres et Bacchantes. **Ch. Natoire**. Jésus sur la croix. **Ch. Ant. Coypel**. Le Triomphe de Neptune et Amphitrite, quatre dessins à la plume, au bistre, etc.

446. **Paul Véronèse**. L'Adoration des Rois. **B. Bandinelli**. Etudes diverses. **Guerchin**. Saint-Paul. **J. Calendrucci**. Vierge dans une gloire. Quatre dessins au bistre et à la plume.

447. **N. Fragonard**. L'Assomption. **F. Verdier** Vénus apparaissant à Pâris. **J. B. Greuze**. Mère et ses enfants. Trois dessins à la sanguine.

448 — **Rembrandt**. Homme et femme conversant **J. Rottenhamer**. Jésus porté au tombeau. Ostade (d'ap.). La famille. **Rubens**. Jésus apparaissant à la Madeleine. Quatre dessins au bistre, à la plume et au crayon noir lavé.

449. **Le Dominiquin**. Le Père éternel. **P. Testu**. Le Baptême. **L. Giordano**. Jeune fille coiffée

d'un turbın. Trois dessins à la sanguine et au bistre.

450. **Ant. Watteau.** Deux jeunes, filles, au Verso, une tête de femme. **F. Boucher.** Gloire d'anges. **R. Tournières.** Un Troupeau. Trois dessins à la sanguine, à la mine de plomb et à l'aquarelle.

451. **B. Lutti.** Femmes dans les nuages. **C. Maratte.** Religieuses. **A. Allori.** Judith. **L. Giordano.** Martyr d'un saint et d'une sainte. Quatre dessins au bistre, à l'encre de Chine et au crayon noir.

452. **J. Vernet.** Etudes de navires : Vaisseaux et tempête. Six dessins à la plume.

453. **J. Vernet.** Marines. Paysage avec pêcheurs. Six dessins à la plume, à l'encre de Chine et au crayon noir rehaussé.

454. **And. Both.** Départ de la ferme. **Rembrandt.** Sainte en prière. **P.-P. Rubens.** L'Aumône. **Gérard de Lairesse.** Vénus et Adonis. **J. Steen.** Deux Paysans. Cinq dessins à la plume et au bistre.

455. **Salviati.** Saint François aux pieds de la Vierge. **Palma** (le vieux). Jésus insulté par ses bourreaux. **L. Civoli.** Descente de croix. **Parmesan.** Vierge et l'Enfant Jésus adorés par des saints. Quatre dessins au bistre et à la sanguine.

456. **Raphaël Sanzio** (Ecole de). Dieu séparant la lumière des ténèbres. **Tintoret.** Hommes prosrernés. **Guido Réni.** La Vierge foulant aux

pieds le serpent. **Parmesan** (attribué au). La Vierge et l'Enfant Jésus. Quatre dessins à la plume et au bistre.

457. **Cipriani.** Dévotion à la Vierge. **G. Diziani.** La Madeleine aux pieds du Christ. **F. Zuccaro.** Deux panneaux de décoration. **G. Gasparini.** Moïse frappant le rocher. Quatre dessins au bistre et au crayon.

458. **Ecole italienne.** Trois Déesses dans un paysage. L'Amour tirant de l'arc. **Corrége.** Tête d'Ange. **B. Franco.** Sujet mythologique. Quatre dessins à la sanguine, au bistre et à la plume.

459. **Michel-Ange Buonarotti.** Homme s'aprêtant à tuer un chien. **F. Lauri** Fileuse et laboureur. **An. Carrache.** Triomphe d'Amphitrite. **C. Finelli.** Le Massacre des Innocents. Quatre dessins à l'encre de Chine, à la plume et au bistre.

460. **J. Romain.** Tête de Loup. **Grimaldi.** Paysage avec figures. **Polidore de Caravage.** Apprêt d'un sacrifice. **Le Guerchin.** Sujet allégorique. Quatre dessins à la sanguine, à la plume et à la sépia.

461. **Moralès dit el divino.** Le Christ. La Vierge Deux dessins au crayon noir rehaussé.

462. **F. Ant. Meloni.** Prédication de Saint-Jean. **Corrége.** Un Ange soutenant le Christ. **Tiziano Vecelli.** Diane endormie. **P. Véronèse.** Saint-François aux pieds de la Vierge. Quatre dessins à la plume et au bistre.

463. **B. Picart.** L'Enlèvement de la Vérité, d'après

N. Poussin. **J. Callot.** Caricatures sur des religieux. Deux dessins au bistre et à la sanguine.

464. **G.-L. Bernini.** Trois Femmes drappées debout. **P. Véronèse.** Une reine adressant une demande à un général vainqueur. **Ecole italienne.** Deux dessins au bistre. Diane chasseresse. Esquisse à l'huile sur papier.

465. **Rembrandt.** Malade visité par un médecin **Diepenbecke.** Les Titans voulant escalader le ciel, d'après **J. Romain. A. Van Velde.** Le Christ flagellé. Trois dessins au bistre et à la sanguine.

466. **Le Parmesan.** Sujet mythologique. **Le Guerchin.** Saints adorant la Vierge et l'Enfant Jésus. (Collection J. Dupan et Vanden Zande). **Guido Reni.** La Vierge et l'Enfant Jésus. **L. Carrache.** Lapidation de Saint-Etienne. Quatre dessins à la sanguine, à la plume lavés d'encre de Chine et au bistre.

467. **H. Muziano.** Hommes couchés. **Guido Reni.** Un Saint en prière. **Le Barache.** Tête d'ange. **Michel-Ange Buonarotti.** Hercule combattant. l'Hydre de Lerne. Quatre dessins à la sanguine et au bistre.

468. **S. Rosa.** Titre représentant des soldats, pour une suite d'eaux-fortes, gravées par le maître. Scène militaire. Deux dessins au bistre, gravés par le maître.

469. **Le Parmesan.** Le Christ mort soutenu par deux Anges. **Le Guerchin.** Sujet religieux. **Ant. Rivalz.** La Visitation. **Michel-Ange**

de Caravage. Scène de deuil. Quatre dessins au bistre, à la plume et à la plume, lavé.

470. **G. Passari.** La Vierge et l'enfant Jésus adorés par plusieurs saints. **L. Carrache.** Assemblée de prêtres. **Pierre de Cortone.** Anges portant les instruments de la Passion **P.-F. Mola.** Sujet mythologique. **C. Procaccini.** Deux Femmes dans un paysage. Cinq dessins au bistre et à la sanguine.

471. **J. Romain.** Chasse. **J.-B. Mola.** Agar dans le désert. **Pellegrino Tibaldi.** Etude pour une fresque. **D. Piola.** La Sainte Famille. **Ag. Carrache.** Paysage avec figures. Autre paysage. Six dessins à la plume et au bistre.

472. **Raphaël Sanzio.** Evêque à genoux. **Ecole italienne.** Jupiter lançant ses foudres. **P.-F. Mola.** La Madeleine. Trois dessins à la sanguine, à la sépia et à la plume.

473. **Le Parmesan.** La Pêche miraculeuse. Beau dessin au bistre. (Collection Mariette).

474. **Alb. Flamen.** Différents oiseaux, dix petits dessins à la plume.

475. **Alb. Flamen.** Sujets militaires, douze petits dessins à la plume.

476. **Alb. Flamen.** Paysages, douze petits dessins à la plume. Animaux au pâturage, joli dessin à l'encre de Chine, signé.

477. **Boissieu** (J.-J. de.) Diverses études, tête de vieillard coiffé d'un grand chapeau. Petit ouvrier tenant un marteau. Vue d'une ferme, quatre dessins à la sanguine, au crayon rehaussé, au crayon noir et à l'encre de Chine.

478. **Hondekoëter**. Pigeons. **C. Polemburg**. Nymphes ou bain. **P. Ommeganck**. Bergère avec son troupeau. **G. S. Maruselli del Ombra**. Jeune femme offrant de l'eau à un berger. **G. Dughet**. Paysage, Cinq dessins à la sanguine, à la mine de plomb, au bistre et à l'encre de Chine.

479. **Ant. Coypel**. Le Mystère de l'Immaculée-Conception. **E. Lesueur**. Jésus chez Marthe et Marie. Deux grands dessins à la pierre noire lavés de sanguine et de bistre.

480. **P. Puget**. Etude pour le fronton d'un édifice. **Séb. Bourdon**. Pythonisse. **N. Poussin**. Les Israélites dans le désert, trois grands dessins à la plume lavés d'encre de Chine et à la sépia.

481. **N. Poussin**. Bas-reliefs d'après l'antique. Quatre beaux dessins au bistre.

482. **B. Lutti**. Composition représentant un grand nombre de figures. **G. N. Nasini**. Le Festin de Balthazard, deux grands dessins au bistre.

483. **C. Ferri**. Le Char de l'Aurore. **Guerchin** (d'ap.). Mort de saint François. **Ecole allemande**. Cavaliers conduisant des prisonniers turcs, trois grands dessins à la plume et au bistre.

484. **A. Milani**. Prédication de saint Jean-Baptiste. **L. Garzi**. L'Adoration de l'Agneau sans tache, deux grands dessins au crayon noir et au bistre.

485. **Ecole Italienne**. Dessin d'ornements à compartiments représentant des sujets religieux. Sujet de plafond. Deux grands dessins à la pierre noire rehaussée sur papier tinté et à l'encre de Chine.

486. **Pierre de Cartone.** Etude de combats navals pour plafonds, deux grands et beaux dessins au bistre.

486 *bis.* **Blondy.** La Chaste Suzanne, à la plume.

DESSINS MODERNES

487. **Charlet.** Soldat assis, dessin aux trois crayons sur papier bleu.

488. **Charlet.** Garde française, dessin à la plume.

489. **Ary Scheffer.** Jésus au Jardin des Oliviers, très-beau dessin au crayon noir, signé.

490. **A. de Forbin.** Sujet tiré d'un des romans de Walter Scott, dessin à la sépia.

491. **A. Deveria.** Molière et sa servante, dessin à la plume, signé et daté 1856.

492. **C. Roqueplan.** Amant avec sa maîtresse près du lit d'un homme endormi, dessin au crayon noir rehaussé

492 *bis.* **Blondel (M.)**, *membre de l'Institut.* Portraits, Académies, Études pour ses tableaux; 53 dessins aux crayons noir et blanc sur papier de couleur. (Sera divisé.)

493. **David.** Tête de Cérès, dessin à la sanguine, daté du 13 avril 1790.

494. **David.** Tête d'enfant, dessin au crayon noir.

495. **David.** Guerrier levant son glaive pour frapper une jeune fille. Sujet tiré de l'histoire romaine, deux dessins au crayon noir sur papier bleu.

496. **David.** Adonis partant pour la chasse. Études d'après Raphaël. Croquis, trois dessins à la plume et au bistre.

497. **David.** Tête de femme. Tête d'homme, signé. Etude d'homme assis. Académie d'homme debout, quatre dessins au crayon noir.

498. **P. N. Guérin.** Bélisaire. Sujet tiré de l'histoire romaine, deux dessins à la plume et au bistre.

499. **Girodet Trioson.** Vieillard à genoux. Achille et Briséoïs, deux dessins à la sépia et à la plume lavé.

500. **Girodet Trioson.** Paysage. Guerrier debout, deux dessins à la plume et au crayon noir.

501. **Géricault.** Etude de chevaux, trois dessins à la plume et au crayon noir.

502. **Ingres** (M.). Jupiter dans les nuages. Sujet allégorique, deux dessins à la plume lavé et au crayon noir.

503. **H. Fragonard.** Thalie. Femme portant un enfant au bras. **Seb. Leroy.** L'amour menaçant de percer de l'une de ses flèches le cœur d'une jeune fille, trois dessins aux trois crayons et au bistre.

504. **P.P. Prudhon.** Etude de tête pour l'un de ses tableaux, dessin au crayon noir, accompagné de la gravure, par Roger.

505. **Marlet J.-H.** Sujets militaires, quatre dessins au bistre.

506. **P.-P. Prudhon.** Allégorie. **Ch. Meynier.** Guerrier unissant deux amants. **École de David.** Achille faisant attacher le corps d'Hec-

tor à son char. **L. Gouffier**. Sujet tiré de l'histoire grecque, quatre dessins à la sépia, au bistre et au crayon noir.

507. **P.-P. Prudhon**. Jeune mère avec son enfant. **J. Forty**. L'Enlèvement de Déjanire. **David de Marseille**. Le coup de vent. Paysage avec figures, quatre dessins à la plume lavés.

508. **David de Marseille**. Deux grands paysages avec figures et animaux. A la sanguine.

509. **Lethière**. Double étude d'Œdipe et d'Antigone. **F.-M. Granet**. Paysage avec figures. **Constantin d'Aix**. Personnages dans un édifice en ruines. Paysage représentant un village au milieu duquel un berger et son fils gardant un troupeau, quatre dessins au crayon noir, au bistre et à l'aquarelle.

510. **Prudhon**. Jeune fille assise sur le bord de son lit. Vieillard mourant, soigné par une femme. **Constantin d'Aix**. Vue d'Aix. Danse villageoise devant une ferme, quatre dessins au crayon rehaussé, à la sépia, au bistre et à l'encre de Chine.

511. **Prudhon**. Jeunes filles écoutant un musicien ambulant Jeune fille consultant un tireur de cartes. **Constantin d'Aix**. Ruines. **David de Marseille**. Paysage avec figures, quatre dessins au bistre, à l'aquarelle et à la plume.

512. **L, Boilly**. Jeune femme lisant une lettre. **Decamps**. Saltimbanques. **H. Raynaud**. Mendiante avec sa fille. **Prudhon**. Buste de femme nue, gravé, quatre dessins à la plume, à l'aquarelle et au crayon noir.

513. **Constantin d'Aix**. Bergère conduisant un troupeau. Paysage avec figures. **Simon Julien**. Femme montrant à Apollon un portrait attaché à une colonne. **École française**. Homme embrassant une femme. quatre dessins à l'encre de chine, au bistre et au crayon noir.

514. **H. Lebug**. Marine. **Constantin d'Aix**. Paysage. Berger et bergère avec leurs troupeaux, quatre dessins à l'encre de chine, au bistre et au crayon noir.

515. **Prudhon**. Portrait de femme. **J.-B. Berré**. Bergère gardant son troupeau. **Tuaire**. Montagnes. **Constantin d'Aix**. Paysage avec figures, quatre dessins à l'encre de chine, à l'aquarelle et au bistre.

516. **Prudhon**. L'Amour et Psyché. **C. Vernet**. Mort d'Hippolyte. **Lethière**. La Parabole de la vigne. **Constantin d'Aix**. Bergers et bergères, quatre dessins à la sépia, à l'encre de Chine, au crayon noir et à la plume.

517. **Vivant Denon**. Portrait d'homme. **T. Johannot**. Sujet pour la Henriade. **Bonnefond de Lyon**. Sujet allégorique. **J. Vernet**. Marine, quatre dessins à l'encre de Chine, au bistre et à la mine de plomb.

518. **Constantin d'Aix**. Vue de Mousfiers, dans les Basses-Alpes. Paysage avec figures, trois dessins au bistre.

Renou et Maulde, imprimeurs de la Compagnie des Commissaires-Priseurs, rue de Rivoli, 144. 21236

www.ingramcontent.com/pod-product-compliance
Ingram Content Group UK Ltd.
Pitfield, Milton Keynes, MK11 3LW, UK
UKHW020322220726
13923UKWH00003B/1306